图书在版编目（CIP）数据

定力：变局时代管理的底层逻辑 / 宫玉振著 . --
北京：中信出版社，2023.6
ISBN 978-7-5217-5744-6

Ⅰ. ①定… Ⅱ. ①宫… Ⅲ. ①企业管理 Ⅳ.
① F272

中国国家版本馆 CIP 数据核字 (2023) 第 086178 号

定力——变局时代管理的底层逻辑
著者： 宫玉振
出版发行：中信出版集团股份有限公司
（北京市朝阳区东三环北路 27 号嘉铭中心 邮编 100020）
承印者： 北京通州皇家印刷厂

开本：880mm×1230mm 1/32 印张：9.5 字数：205 千字
版次：2023 年 6 月第 1 版 印次：2023 年 6 月第 1 次印刷
书号：ISBN 978-7-5217-5744-6
定价：72.00 元

世自乱而我心自治，斯为正道。

——〔清〕胡林翼

目录

前 言

变局时代的来临

在过去的几年里，人类社会经历了太多的动荡：疫情的冲击，战争的影响，技术的变革，政策的调整，以及大国关系的紧张，民粹主义的兴起，国际格局的重组，传统秩序的崩溃，等等。

我们正好处在20世纪70年代开始的那一波全球化的深度调整期。我们所面临的是百年未有之大变局。动荡与不确定，已经成为这个大变局时代最突出的特征。

在过去几十年的时间里，我们所处的战略环境就像爬山。山就在那个地方，是相对静止的、稳定的、可预期的。我们只要确立好方向，规划好路线，接下来就是好好执行了。途中我们也会遇到一些挑战，但整体计划是不需要有大的变化的。

今天这个动荡的变局时代，我们所面临的环境却变成了冲浪。浪的特点是动态的、不确定的，一波又一波，整个环境都是动荡而不确定的。

这种动荡和不确定，已经给企业管理者的心理与行为造成了多方面的冲击。

一是焦虑迷茫。人天然希望自己的行为和周边的环境是有序、可控、可预期的。动荡与不确定会使我们陷入焦虑烦躁、迷茫沮丧，有一种失控的感觉，出现情绪化的反应。

二是急功近利。环境是不确定的，未来是不确定的，人们就不愿意对未来进行长远的投入，只能抓住眼前可以抓住的东西，因此就会短视，甚至会陷入机会主义和短期行为。

三是随波逐流。在不确定的环境下，人会有一种强烈的无力感，会放弃主动把握和改变命运的努力，听凭环境裹挟，随波逐流。

我们必须承认一个现实——今天所处的大变局时代，其本质就是动荡而不确定的，想回到过去那个相对确定的环境，在相当长的时间里已经不可能。

重归管理的底层逻辑

在大变局的动荡而不确定中，我们很容易迷失自己。但不管我们意识到了还是没有意识到，越是在这样一个动荡的变局时代，我们就越应该从长的历史时段、从管理的底层逻辑出发，去把握管理中决定组织命运的那些最基本的东西。

人类的历史从来就是一治一乱的交替，周期性的动荡也从来都是历史的基本特征。把管理这一现象放到数千年的大历史中，把视线从商业世界放宽到军队、政治、国家，我们就会发现，再动荡的时代，也会有卓越的组织、长远的战略、优秀的领导，以及在此基础之上成就的伟大功业。

晚清是一个极度动荡的时代，但湘军这批人为什么能够成事？有两句湘军将帅说的话，我非常喜欢。

一句是胡林翼说的："世自乱而我心自治，斯为正道。"越是在动荡与混乱的时代，我们越应该找到自己内心确定的东西。

一句是罗泽南说的："乱极时站得定，才是有用之学。"在极其混乱的环境中依然坚守自己的信念，这才是真正有用的学问。

人是有能动性的。外在的环境固然是我们无法左右的，但即使是在最动荡的时代，只要有好的领导和组织，也可以我命由我不由天。

胡林翼也好，罗泽南也好，当然也包括曾国藩，本是手无缚鸡之力的书生，但是却在乱世之中，不因环境的动荡与压力而动摇。

一群人相激相劘，凭着"舍身卫道"的精神，以"打脱牙和血吞"的倔强，以"志之所向，金石为开"的信念，以"而困而知、而勉而行"的意志，以"尚朴实、耐劳苦"的文化，以"不贪功之速成，但求事之稳适"的战略定力，以"结硬寨、打呆仗"的作战原则，以"于大处着眼、小处下手"的管理风格，投身挽狂澜于既倒的事业。

他们最终以强烈的使命感、责任心和意志力，勘破得失、勘破利害、勘破生死，名利不足辱其身，生死不足动其性，于关键之地能站住脚，在途穷之日能定住心，一步步扭转了整个局面。

我们从乱世湘军这个组织中，可以看到哪些动荡时代的管理底层逻辑？这个底层逻辑至少包含了这样一些内容：信仰、信念，韧性、意志，专注、执着，远见、格局，战略定力，价值驱动，管理的基本面，以及不求近效、铢积寸累的长期主义。

管理者强烈的信仰与坚定的信念，是这个底层逻辑的起点。有了强烈的信仰和坚定的信念，便在九死一生、屡战屡败的逆境之中有了强大的韧性与意志，有了专注与执着的精神，有了长远的眼光与宽广的胸怀，不为一城一池的得失、一时一地的成败所动。管理者便可以凭借强大的战略定力，着眼于管理的基本面，打造出价值驱动的组织，从而以长期主义的信仰，带领组织在动荡时代成就其所从事的事业。

湘军领袖们的这些特点，恰恰也是历史上那些在身处动荡环境的优秀管理者所具备的共性。他们的出身背景不同，所处的时代不同，所从事的事业不同，但他们的管理底层逻辑是相通的。

“千淘万漉虽辛苦，吹尽狂沙始到金。”动荡的变局时代同时也是大浪淘沙的时代，是倒逼组织回归管理本质的时代。那些虚幻的管理假象注定会破灭，那些在凯歌行进的狂欢与喧嚣中很容易被忽略的管理底层逻辑，反而会清晰地显现出来。在动荡而混乱的环境中，我们会更加清楚地看到，管理中那些最基本的要素，才是决定竞争胜负和组织命运的根本力量。

回到这样的基本要素，管理者才能找到应对不确定环境、决定组织命运的基本要素，并且不断从这些基本要素来反思自己的组织，夯实管理的基础，筑牢组织的根基，从而在大变局时代把握自己的命运。

本书的基本内容

本书的出发点，是围绕变局时代管理的基本主题——不确定、逆境、周期以及战略定力，从战争与历史的维度，提炼动荡而不确定的时代管理的底层逻辑，以帮助管理者提升在变局时代进行战略决策的能力、应对困境的能力以及驾驭周期的能力。

本书的第一个维度是战争。

战争本质上就是充满不确定性的领域。自古以来，军人就必须面对不确定性的挑战。在中国，早在2000多年前，大军事家孙武在《孙子兵法》中就提出了“兵无常势，水无常形”的命题。在西方，19世纪的军事理论家、《战争论》的作者克劳塞维茨也明确提出了不确定性的概念，并将不确定性作为研究战争的基本出发点之一。今天商业领域的人常谈的VUCA这个概念（VUCA是四个英文单词的缩写，分别代表易变性、不确定性、复杂性、模糊性），就是20世纪80年代美军基于克劳塞维茨的理论提出来的。

战场是最危险、最残酷、最恶劣的环境，战场上的军人每天都在直面生死。战争充满了压力，充满了不确定性。不确定性带来了战争的最大悖论：人的理性是有限的，而战争的环境却是不确定的。没有人对大势的理解能够一步到位，更没有人能一次性看清所有过程和细节，但战争的决策者又必须驾驭战争，驾驭这样的不确定性。

战争的艺术，因此在很大程度上就是在动荡而不确定的环境中，驾驭不确定性和利用不确定性的艺术。在残酷、动荡、艰难而不确定的环境中打胜仗，究竟需要什么样的战略思维、什么样的组织能力，战争的指挥者需要具备什么样的领导力，在战场上如何做出正确的决策，在绝境中如何杀出生路……军事史上留下了无数的案例和经验教训。对于商业世界的管理者来说，要想思考变局时代管理的底层逻辑，这可能是最好的他山之石。

本书的第一部分“决策：变局时代如何应对不确定”和第二部分“逆境：如何化被动为主动”，就是围绕这些问题展开的。

本书的第二个维度是历史。

不识庐山真面目，只缘身在此山中。在今天这样一个动荡而不确定的时代，我们之所以焦虑，往往是因为我们只看到了眼前，纠结于一时一地的得失。

身处大变局时代的管理者，很容易被眼前的动荡本身裹挟，陷入当下旋涡苦苦挣扎，无法顾及更大的场景和长远的发展，这反过来会使管理者不断地陷入新的动荡而不可自拔。

达利欧曾经说，每个人都只能经历历史的一小部分，我们就像蚂蚁一样，在短暂的一生中全神贯注地搬运面包屑，无暇拓宽视野，无暇发现事物发展的周期。一旦遇到没有经历过的重大事件，认知的局限就会完全暴露出来。

读历史的好处，是帮助我们跳出一时一地的局限，从长的历史时段，从更大的格局，用更长远的眼光，来分析治乱兴衰背后的规律，来冷静观察当下发生的各种扰动，进而更好地看清管理世界中哪些东西只是一时的喧嚣，哪些东西才是稳定不变的深层结构与基本逻辑，从而把握住大势演变的基本脉络。

企业管理者今天的焦虑，其中可能有相当一部分，是来自商业所处的大的政策环境。政策的变动或模糊，往往会造成企业管理者的茫然无措，甚至焦躁不安。

但把这种政策变动或模糊放到更长的历史维度去看，你就会发现国家发展有一个基本的逻辑：短期看政策，中期看制度，长期看规律。短期的政策往往会引起周期性的波动，但从长的历史时段来说，任何政策都不可能长时段地大幅偏离常识与规律，相反，最终一定是要向常识与规律回归的。规律最终决定了历史的大趋势。

从这个角度来说，变局时代战略思维的关键之所在，是对外在环境的把握，要更加着眼于深层的结构与脉络，而不仅仅关注浅层的表象与事件。这就需要周期思维。

历史的演进从来都是动荡的，但动荡的背后是有其周期的。从大历史的维度把握历史演进的逻辑与周期，你就能把握住历史的大方向与大趋势，你就可以用未来的确定穿越当下的不确定，你就可以用长远的乐观来战胜短期的悲观，你就不会因为一时的喧嚣与扰动而丧失信心，你就可以把不解和不安化成豁然开朗和笃定从容。

常人追逐风口，高手驾驭周期；常人关注机会，高手把握大势。周期思维是变局时代战略思维最重要的组成部分之一。变局时代的管理者，一定要从具体微观的层面跳出来，学会周期思维，并以周期思维来驾驭外在环境的不确定。认识周期，把握周期，就可以从长期主义的视角，以周期为单位，从容地提前进行战略布局，而不为眼前的动荡与情绪所裹挟。

本书的第三部分“周期：理解变局背后的逻辑”，就是希望帮助管理者跳出单纯的商业和政策视角，理解与培养周期思维，并以周期思维来提升自己驾驭变局时代的能力。

本书最后一部分是“定力：回归管理的基本面”。

《大学》讲：“知止而后有定，定而后能静，静而后能安，安而后能虑，虑而后能得。”

清楚地知道自己的追求，你的内心才能有定力，才会心不妄动，才能从容安详，才能展开深层的思考，才能找出解决问题的最佳方法，从而得到最好的结果。

治人、治事、治世的前提，首先是治心。潜其心，才能观天下之理；定其心，才能应天下之变。以自身的确定应对环境的不确定，是我们这个时代管理者的必修课。越动荡，越困难，我们越需要定力。

本书的最后一部分就是以对话的形式，围绕什么是战略思维、如何在变局时代保持战略定力、变局时代需要什么样的组织与领导力等主题，进一步从战争与历史的维度，讨论在变局时代如何从管理的基本面入手，打造驾驭动荡与不确定的能力。

本书付梓之际，我首先要感谢宁高宁董事长、宋志平董事长、田涛老师、刘东华老师、樊登老师对本书的推荐。宁董和宋董是我非常敬佩的企业家，我也一直受益于他们两位的管理思想。田涛老师、东华老师、樊登老师也对我多有提携。一言之褒，荣于华衮。在此我向他们表达最衷心的谢意！

我还要感谢《中欧商业评论》的尹晓琳女士、陈艳女士，正和岛的陈为先生、杨丽英女士、曹雨欣女士，以及我在北京大学国家发展研究院的同事张宇伟老师、王贤青老师、张彤老师等等，感谢他们为本书所做出的贡献，尤其要感谢宇伟老师和贤青老师为本书所付出的努力。没有他们的帮助，也就不会有这本书。

最后我要感谢中信出版集团的黄维益女士、付颖玥女士、周志刚先生以及审稿的其他四位老师。维益及其团队的敬业、严谨与耐心，给我留下了非常深刻的印象。这是我在中信出版的第三部著作，期待未来还有更多的合作机会。

本书所探讨的不确定、逆境、周期与战略定力，都是变局时代管理的一些基本命题。需要说明的是，在经营管理领域，我最多只能算是一名旁观者。这本书的定位，就是从战争与历史的维度，对变局时代组织管理的底层逻辑做一些粗浅思考。一得之愚，仅供感兴趣的朋友参考。

宫玉振

2023 年 1 月 28 日初稿

2023 年 5 月 18 日定稿

第一章 决策

变局时代
如何应对不确定

变局时代对管理者的直接挑战，是环境与未来的不确定带来的急功近利。环境是不确定的，未来是不确定的，人们往往就会更容易选择短期行为。

然而历史告诉我们的一个基本逻辑是：坚持长期主义的组织才能赢得长久的胜利。即使是在最动荡的乱世，也从来没有哪一支土匪或军阀的队伍能真正成事。当尘埃落定的时候，人们就会发现，最后胜出的，一定是有着清晰的长远追求的那支力量。

短期行为是将资源投到当前，被动应对环境的变动；长期主义是将资源投到未来，主动塑造自己的命运。个人和组织的资源永远是有限的，你的资源被分配到什么地方，你就会收获什么样的结果。只有长期主义才能让你跳出一时一地，发展出自己的独特能力和优势，才能让你从更长远的维度把握好自己和组织的方向与命运。

不确定环境，我们为何更需要长期主义

两个故事

我先讲两个故事。第一个是华为对小灵通与3G的战略选择。

20世纪末，中国电信推出了小灵通，当时的UT斯达康和中兴通讯依靠这项业务取得了高速发展。UT斯达康一年的销售收入曾经达到100亿元，这在当时是足以让所有企业都动心的数字。

华为管理层当然也看到了这样的机会，所以很快就提交了开展小灵通业务的计划。但出乎所有人意料的是，任正非否决了这个计划。

任正非否决开展小灵通业务的理由是，小灵通注定是一项过渡的、短暂的技术，3G才代表未来，华为不能做机会主义者。

在他看来，错过小灵通，华为可能失去一大块利润，但这是可以接受的。如果错过3G，就将严重影响华为成为一家伟大企业的进程，那才是一个根本性的失策，是绝对不可饶恕的。

因此华为把大部分人力和财力投入在全球范围内还没有商

用的 3G 业务，2009 年，华为终于获得了国内的 3G 牌照。

从那以后的故事我们都知道了——华为一飞冲天，把所有竞争者都甩在了身后。正是因为华为当年在 3G 业务上的“豪赌”和持续投入，才成就了今天的华为。

至于当时风光一时、占据中国小灵通市场半壁江山的 UT 斯达康，在现在的主流市场上已经很难看到它的身影了。

第二个故事是关于马云与阿里云的。

在今天的云计算领域，阿里云排名亚洲第一、世界第三。按理来说，百度在这方面更有优势，但百度云的市场地位为什么远远不如阿里云？

当年开展云计算所需的投入非常大，连续几年的时间，每年十几亿元，这给阿里造成了巨大的资金压力，而且还看不到希望。当时在阿里负责云计算的王坚，现在是中国工程院院士，当年却一度被认为是个骗子。

那几年，阿里每年的战略会都要讨论一个问题：要不要取消这个项目，解散这个团队？云计算团队在很长时间都是惶恐不安的，不知什么时候会被解散。

在最艰难的时候，马云来到了云计算团队，跟他们讲：云计算我们一定要做，而且我要投 100 亿元。整个团队的士气一下子就上来了，大家知道没事儿了。

2012 年，认为云计算前途无望的百度解散了自己的云计算团队，这个团队的关键成员后来加入阿里。中国云计算领域的格局，从那一刻就基本确定了。

马云讲过一句话：阿里今天做的所有决策，都是为了七八年以后的战略布局。阿里云的最终胜出，靠的就是这种长期主义的战略。

三种类型的胜利

我们都想打胜仗，“打胜仗”在今天已经成为一个热词。但我们究竟应该打什么样的胜仗？究竟应该要什么样的胜利？

陈春花老师关于“打胜仗”有一个非常精彩的观点，她说胜利分三种类型：机会主义者只能得到暂时性的胜利，实用主义者会获得阶段性的胜利，长期主义者才能赢得持续性的胜利。

我非常同意陈老师这个观点。我最早是学历史的，可以从历史上组织兴衰的长远规律来呼应一下陈老师的观点。

即使在最动荡的乱世，也从来没有哪一支土匪或军阀的队伍能够真正成事。当尘埃落定的时候，人们就会发现，最后胜出的，一定是有着清晰的长期理念的那支力量。

这是历史告诉我们的一个基本逻辑：坚持长期主义的组织才能赢得长久的胜利。

坚持长期主义为什么非常难

既然长期主义这么重要、这么好，那么问题来了：为什么长期主义者少之又少？为什么我们今天还要谈长期主义？

很简单：坚持长期主义非常难。

回顾任正非关于小灵通的决策，今天我们会赞叹任正非的高瞻远瞩、雄才大略，做出了正确的选择。可是有谁知道任正非当时承受了多大的压力？

任正非放弃了小灵通业务，但是其他企业的小灵通业务在2000年到2003年取得了持续的增长。UT斯达康因此从一家名不见经传的小企业变成了一家明星企业，中兴也在小灵通市场里赚得盆满钵满，而且它们利用小灵通业务取得的高额利润不断挤压华为的市场。2003年，中兴的销售额一度达到了华为的80%。

华为是中国通信设备制造业的领军企业，但在那段时期几乎没有什么收获。华为错过了瓜分小灵通市场的时机，更雪上加霜的是，3G牌照迟迟不发放，因此华为在3G上的巨大投入长期得不到任何回报。

2002年，华为首次尝到了巨额亏损的苦头。那时候很多人对华为失去了信心，认为任正非犯了一个致命且愚蠢的错误，不少人离开华为，选择了在当时看来更好的公司。

我们今天复盘任正非当时的处境，可谓：眼前的利益唾手可得，当前的压力实实在在，但是未来的收益却并不确定。如果你是任正非，会怎么办？

焦虑、抑郁、彷徨，中途反悔甚至放弃。这就是长期主义者常常必须面对的现实。

20世纪60年代有一个著名的“棉花糖实验”。美国斯坦福大学心理学教授沃尔特·米歇尔选了十几个幼儿园的孩子，让他们坐在房间里的椅子上，要求坐满 15 分钟。孩子们面前的桌子上，放的是他们最爱吃的棉花糖。

实验的规则是：如果马上吃掉糖，就不能获得奖励；如果等 15 分钟以后再吃，就会额外得到一块糖作为奖励；如果不愿意等，可以按桌子上的铃。

实验开始以后，研究人员发现：少部分孩子不假思索立即抓起眼前的糖吃掉了；有些孩子在 30 秒以后陆续开始按铃；最后，只有 30% 左右的孩子等到 15 分钟以后才吃糖。

研究人员对参加实验的孩子进行跟踪，发现：那些愿意等待的孩子在后来的人生中取得了更大的成功，包括职业的成功；那些不擅长等待的孩子，成年以后体重更容易超标，成就相对较低，而且不少人染上了毒瘾。

这个实验提出了“延迟满足”的概念。能够做到延迟满足的人总是会取得更大的成就。

字节跳动创始人张一鸣最喜欢讲的一个词就是“延迟满足”。张一鸣的成功也告诉我们延迟满足确实很重要。问题是，道理我们都懂，但是为什么能够真正做到“长远思考”“延迟满足”的企业和个人少之又少？为什么坚持长期主义特别难？

这是今天神经科学、心理学、行为经济学等学科都在关注的一个重要研究话题：跨期选择（intertemporal choice）理论，也就是在大而迟（larger-later，LL）的收益与小而早（small-sooner，SS）的收益之间人们的选择倾向。

所有这方面的研究都得出了同样的结论：相对于未来的收

益，人们通常会给当下可以获得的收益赋予更大的权重。直白地说，就是人们更看重眼前马上能够得到的收益。

原因很简单，人类是从动物进化而来的。在进化的过程中，人类虽然发展出了对未来进行计划和规划的能力，但是在跨期选择时，我们同其他动物一样，依然偏好于即刻的奖赏。

一些研究者还探讨了跨期选择的神经机制。2004 年，《科学》（*Science*）杂志发表了一篇著名的报告，第一次从神经机制上证明人的大脑有两种不同的评估机制，涉及两个系统。

β 系统是早期进化的中脑边缘多巴胺系统，主要负责加工当前选项，也就是当前马上要做出的决策、当前的诱惑、当前的利益等；δ 系统是相对较晚进化成的额 – 顶系统，主要负责加工延迟选项，也就是延迟满足的决策。

前者是生存的本能，后者是进化的需要。两个系统的相对激活水平，决定了被试者的选择。选择过程中，如果我们的 β 系统被激活，我们就会选择当前的收益；如果 δ 系统被激活，我们选择的就是延迟满足。

与此相关的，还有一个跨期选择的认知机制理论，即热 / 冷系统理论。这一理论认为，人脑认知机制中存在热、冷两个系统。热系统与个体的冲动行为有关，是情绪驱动的，表现为简单的条件反射，因而反应速度较快，是较早成熟的一套系统；冷系统则与个体的自我控制有关，是认知驱动的，比较审慎，因此反应速度也比较慢，是较晚成熟的一套系统。

热 / 冷系统的交互作用决定了个体在延迟满足中的表现。热系统起主导作用时，个体倾向于选择小而早的收益；冷系统起主导作用时，个体倾向于选择大而迟的收益。

在此基础上，学者们还提出了人类跨期选择的多重自我理论（multiple-selves theory）："目光短浅（myopic）的自我"与"目光长远（farsighted）的自我"，"计划者"（planner）和"实施者"（doer），"老练（sophisticated）的自我"与"幼稚（naive）的自我"，等等。

理论是枯燥的，我不想过多介绍理论。我们感兴趣的是，这些研究结果告诉管理者什么道理？我们每个人都是一体两面的，身上都有短期主义的影子。

更看重眼前的收益，是人性的组成部分，况且未来有很大的不确定性。因此，对于普通人来说，面临的当前压力或眼前诱惑越大，短视的一面就相对越容易被激活，就越容易表现出短期主义的倾向。

即使是长期主义者，也会有实施短期行为的冲动，也会中途动摇，每个人都会有内心深处的天人交战。

这就是为什么任正非在已经选择了 3G 这条长期主义赛道后，仍然会为放弃小灵通而感到抑郁和压力。

这就是长期主义很难坚持的基本原因。

短期主义会带来长远的伤害

长期主义很难坚持，那我们为什么还需要选择长期主义？很简单，因为短期主义会给我们带来长远的伤害。

我们谈的话题主要是管理，我们看看短期主义对管理者、对组织至少会有哪些危害。

短期主义对于管理的第一个危害在领导力层面。短期主义领导者个人必然表现出缺乏远见、自私自利的特征。缺乏远见的人注定成不了事，而自私自利的人注定没有人追随。

人都有私心，但是领导者必须让更多的人为己所用，甚至还要用比自己更强的人，这样才能成就大事业。因此，领导者只有走出小我才能成就大我。自私自利的结果一定是众叛亲离。

短期主义对于管理的第二个危害在决策层面。孔子在 2500 年前就用两句话很好地揭示了短期主义的危害：一句是“见小利则大事不成”，另一句是“人无远虑，必有近忧”。

做决策就像下棋一样，有些人可以看到三步、五步之后，甚至看得更为长远，而有些人走一步看一步，只顾眼前。

为什么有些人棋力到了一定程度之后，就是没法成为一流的高手？因为大局观薄弱，所以特别容易陷入眼前和局部的争夺，无法掌控整个棋局。他们可能会取得局部的胜利，但是并不知道如何利用这些胜利。

什么叫“人无远虑，必有近忧”？没有长远的眼光，人就很容易在复杂的环境中迷失方向，陷入各种纠结之中，陷入各种患得患失之中。企业也是如此，赢了眼前，但输掉了长远，赢了局部，但输掉了全局。

过于看重眼前的业绩，就会忽略其他更重要的东西，反而会给企业带来更多更大的问题，阻碍企业的长远发展。

短期主义对于管理的第三个危害在组织层面。习惯了赚快钱的组织，就再也打不了硬仗。一哄而上，结果一定是一哄而散。

对组织而言，最忌讳的就是胜则一日千里，负则一败涂地。历史上这样的组织非常多。黄巢、李自成、张献忠领导的农民起义军为什么最终成不了事？

他们的共同特点就是攻城拔寨，招兵买马，走州过府，随掠而食，哪里粮多就去哪里，吃完了再换个地方。这些人都忽略了一个根本，就是组织能力本身的建设，从来没有稳固的根基。这就是所谓的“流寇主义”。

流寇主义在商业世界的表现就是赚快钱。比如：有些企业只会买买买，没有自己的核心竞争力；有些企业今天这个有机会就做这个，明天那个有机会就做那个，没有核心优势。

历史上，流寇取得的所有胜利都是无根的胜利，他们注定只是历史的匆匆过客，永远是草莽英雄，成不了大事。

就根本而言，短期行为表面看来是理性的选择，但从长远来看，其实恰恰是非理性的，因为这种短期行为是以明天为代价换取眼前的利益。

从进化的历史可以清楚看到：短期行为只是基于生存的本能，长期主义才是真正成熟的标志。不管对个人还是对组织，都是如此。

我们不能仅仅生活在本能之中不可自拔，要对未来进行思考和规划，这是人类区别于动物最重要的品质。

是否具备这种未来的取向，以及未来取向水平的高低，其实也是优秀的人和平庸的人、优秀的组织和平庸的组织之间的区别。我们每个人都有局限和弱点，只有承认局限才能超越局限，只有直面弱点才能跳出短期主义的陷阱。

长期主义的价值

短期与长期的选择，其实是一个资源分配的过程。短期行为是将资源投到当前，被动应对环境的变动；而长期主义是将资源投到未来，主动塑造自己的命运。

个人和组织的资源永远是有限的，你的资源分配到什么地方，你就会收获什么样的结果。只有长期主义才能让你跳出一时一地，发展出自己独特的能力和优势，进而从更长远的维度把握好自己和组织的方向与命运。

我们究竟为什么需要长期主义？可以从以下几个角度来分析：

第一，从目标感来讲，如果一个人只知投机，那么他即使精于算计、苦心经营，也无法走得长远。投机者的路会越来越窄，处境会越来越差。更主要的，是失去了拥有更好未来的可能。而长期主义可以为我们的人生提供明确的方向和持续的动力。方向感和动力是人生成功和组织成功所需的两个非常关键的条件。

第二，从认知上来讲，短期主义是以浮躁应对浮躁，以短视应对短期；而长期主义赋予我们全新的认知框架，让我们从更长的时间维度，看清哪些是一时的喧嚣、泡沫、杂音，哪些才是真正的大势，从而在浮躁多变的时代保持内心的从容、宁静与定力。

《大学》里有一句话："知止而后有定，定而后能静，静而后能安，安而后能虑，虑而后能得。"这其实就是从认知到最终结果的全过程。以长远的视角想明白自己究竟要什么、不要什么，内心才能有定力；有了定力之后，才会心不妄动；心不妄动才能从容安详；从容安详才能展开深层的思考；展开深层次的思考，才能找出解决问题的最佳方法，从而得到最好的结果。

中国人讲"势利"，"利"和"势"是分不开的，有势就有利，有大势才能有大利。所以不要先求利，而要先取势。如果只盯着眼前的小利，那得到的最多也只是小利；只有取得大势，才会获得大利。

《孙子兵法》讲过，真正的高手是"求之于势，不责于人"，也就是在借势、造势方面下功夫，而不是苛求自己的团队成员或下属。企业管理也是这样，遇到问题时如果没有长远的思考，不能跳出来看问题，就只会在具体的人、具体的事上去争对错。长期主义者会从"势"的角度考虑问题，从根本上解决问题。

这是两种完全不同的认知模式。长期主义才会让你做出基于长期的选择，这是认知的价值。

第三，从行动上来讲，长期主义可以赋予我们眼前的行动以深远的意义，让我们的努力有一致性和连续性。

前面讲过下棋，棋当然要一步一步地下。但如果没有长远的考虑，落下的单个棋子很可能就是废子。只有用清晰的战略将每一步棋串在一起，单个棋子的战略价值和意义才会真正体现出来。

对未来进行长远思考和规划，会使我们更多地考虑当前行为对未来产生的影响，从而把长期目标渗透到眼前的决策中，用长期主义来过滤我们的短期行为。

这样的好处是让我们懂得每一步在做什么，懂得每一个具体目标的实现会如何促成总体、长远目标的达成。这样我们在梳理、筛选眼前的行动时，就不会受短期诱惑的影响，不会掉入短期主义的陷阱，做到有所为、有所不为，防止短期行为伤害长远的发展。

这样一来，我们就可以把战术性的机会发展成战略性的胜利，把眼前的机会发展成长远的胜利。

第四，从竞争的角度来讲，长期主义是跳出内卷式竞争的最好选择。

并不是所有人或组织都会选择长期主义，这就是为什么最后胜出的一定是长期主义者。

亚马逊的前 CEO（首席执行官）贝佐斯讲过：做一件事把眼光放到未来三年，和你同台竞技的人很多，但放到未来七年，和你同台竞争的人就很少了，因为很少有公司愿意做那么长远的打算。

贝佐斯曾问过巴菲特：你的投资理念非常简单，为什么大家不会复制你的做法呢？巴菲特说，因为没有人愿意慢慢变富。

长期主义其实是违背人类生存本能的，并不是所有人都能够做到，也不是所有人都会选择的。

但是我们知道，少有人走的路才是最好的路。在长期主义的道路上，你不会遇到多少竞争者。所以，长期主义才是跳出眼前内卷式竞争的最好选择。

如何成为长期主义者

如何做到长期主义？首先，长期主义是一种觉醒。

想做到长期主义，我们首先必须认识到，我们自身或者我们的组织都有两套系统在起作用，我们身上都有短期主义的一面。

因此，我们要随时警惕短期主义的冲动，要有意识地选择并不断强化自己的长期主义特质。

长期主义是需要被激活也可以被激活的，是需要被强化也可以被强化的。长期主义是一种价值观，也可以变成一种习惯性的思维与行为模式。

换言之，人和组织都是可塑的，短期主义是像地心引力一样的存在，我们要做的，就是始终用长期主义来校正我们的行为，保证我们不会偏离长期主义的主线。古人说“吾日三省吾身”，如果你没有认识到自身和组织的两套系统，就很容易滑向短期主义而不自觉。

其次，长期主义是一种信念。

长期主义是关于未来的选择，而未来是不确定的，还并不是现实。所以，一旦失去对未来的信念，人们就会放弃长期主义，追求短期利益。

我和胡大源教授在北大国发院有一门课，带着学生去实地体验“四渡赤水”，告诉大家在不确定的环境中究竟该怎么做决策、带团队。四渡赤水是长征的一部分，长征很伟大，但是参加长征的每个人都走到了最后吗？并没有。

除了英勇牺牲的官兵，也有少数不坚定分子离队甚至叛变。这些人有一个共同特点——信念出现了动摇。

悲观主义者更容易选择眼前，乐观主义者更容易相信未来。

人只有对未来有信心，才会放下眼前较小的回报，去追求长远较大的回报。人关于未来的信念越强烈，做选择时就会越倾向于长期主义，就越能忍受寂寞和痛苦。有些人甚至把这种坚持视作一个愉悦的过程，当成一个自我突破和自我实现的过程，从中获得巨大成就感，因为这样是超出了其他人的。

作为长期主义者，你必须相信你的信念，才能实实在在地看见你的未来，未来才会变成真正的现实。长期主义是个人和组织获得持续发展可能性的唯一支撑点。

具体而言，我们需要“相信”以下六点：

第一点，相信长期的力量。要相信你的长期理性。在大和小之间，要选大不选小；在长和短之间，要选长不选短。长期理性可以让你从更大的框架、更高的视角、更长的时限来思考你遇到的问题，这样你就会做出最理性的选择。

不要让短期的理性导致长期的非理性，要相信你的长期理性一定是对的。克制与耐心是人类理性最高贵的品质。相信长期的力量，你就可以具备这样的品质。

第二点，相信信念的力量。我们前面提到的关于跨期选择的研究发现，积极的希望情绪可以提高个体在跨期选择中的自我控制能力。越积极，越相信，选择过程中的自控性就越强。

所谓信念，就是相信正面的理念一定能够实现。强烈的信念是人和组织最主要的力量来源。无论是历史上的战争，还是今天企业的创业，一个弱小的组织最终取得胜利，核心原因之一就是从一开始就具有强烈的信念，并且相信自己的信念。

“相信信念”这个层面非常关键的一点，是一定要形成团队的氛围，因为组织内部成员的观点和行为可以相互影响，信念可以相互激励。

一个特别有意思的现象是，长期主义领导会吸引长期主义追随者，短期主义领导必然会吸引那些只追求短期利益的下属或者团队成员。从这个角度来讲，其实信念、信任、信心、信仰可以良性地互相促进。

团队内部的相互信任会使得成员都更倾向于相信这个团队的整体信念，一群人在一起相互吸引、相互激发，释放出无穷的潜力，最后把信念变成现实。这就是信念的力量。

曾鸣教授讲过一句话我非常认可：组织的愿景是用来相信的，不是用来挑战的。如果成员怀疑和质疑组织的愿景，事情就根本做不成，必须相信它，它才会变成现实。

第三点，相信共生的力量。在任何领域里，竞争和敌对意识会影响你的战略和思考。如果你陷入跟对手较劲的死结当中不可自拔，那么即使你赢了，也是残局。

如果从现在看未来，那么你的眼光一定会局限于资源的争夺，你的眼中全是对手；但是如果从未来看现在，从长期主义的角度回头看现在，你关注的就是如何创造出未来的大局，甚至眼前的竞争者都可以被纳入你共创未来的大局中。

所以，不要只盯着一时的胜负得失，而要着眼于不断演化的大局。相信共生的力量，你才能超越一时一地的得失。

第四点，相信基本面的力量。基本面就是管理中的基本优势，包括人才、文化、战略、组织、领导力、执行。无论是在军事史上还是在商业化的今天，我们常常发现在动荡浮躁和不确定的环境中，人和组织很容易在向前走的过程中迷失自己。最终是管理中最基本、最简单、最普通、最质朴的常识性要素，以及它们之间的动态匹配程度，决定了人和组织到底能走多远。有了扎实的组织才能更好地打仗，才会取得更大的、持续性的胜利。

我们经常会把眼前的短期业绩跟组织的长远投入对立起来，看重眼前的业绩往往就忽略了组织长远的发展。但是，真正的好组织、真正的长期主义，就是通过组织能力的构建、基本面的夯实来给自己创造取得更好更大业绩的机会。更长远来讲，夯实你和组织的基本面，才能夯实组织的根基，才可以在动荡的环境中经历大风大浪而岿然屹立。

第五点，相信专注的力量。我们要在一个清晰的方向持续不断地投入和累积。长期的价值创造一定是一个持续的过程。只要你的大方向没有错，只要你愿意在这个大方向上持续不断地投入，最终取得成功的可能性比你四处出击要大很多。

第六点，相信向善的力量。今天的行业和市场一直在不断变化，但是我们看到，人类向善利他的大方向从来没有变过。从进化的角度讲，这是人类生存和发展的需要。因为只有有利于社会整体利益的行为，才会得到社会长期的奖励。只有形成合作、利他、向善意识的社会，才能在进化的竞争中生存和发展。

几乎所有世界性的宗教和世界性的思想体系都是教人向善的。其实企业也是如此，企业的终极意义就是创造社会价值，推动人类进步，只有这样的企业才能赢得社会的认同和尊重，才能与社会形成良性互动和正向循环。

企业当然要追求利润，但是缺乏道德感的企业无法走得长远。长期的成功一定是价值观的成功，伟大的企业一定是向善的企业。这是让自己和组织变得强大的一种精神内核，也是让自己和组织能够历经任何挫折，实现长期生存和不断发展的根本原则。这就是平庸和卓越的最大区别。

最后，长期主义是一场修炼。认识到长期主义很容易，做到非常难。我们必须认识到这个现实，因为人性是有弱点的，我们永远要面对大脑中两套系统的纠结。知易行难。在长期与短期之间、在全局与局部之间、在追求使命与追逐眼前利益之间，当纠结出现的关键时刻，你的抉择最能暴露你深层次的追求究竟是什么，也最能决定你和组织的最终命运。

所以，在坚持长期主义的过程中，你会动摇，会怀疑，也会犹豫，但这恰恰是你和你的组织成长与成熟的过程。

如何成为长期主义者？很简单，做难而正确的事情。管理就是要做难而正确的事情，人生也是要做难而正确的事情。

回到我们的主题：在今天这样一个动荡、浮躁、充满不确定性的时代，我们为什么更需要长期主义？因为这是唯一难而正确的事情。

从长期主义的视角重新理解和重新建构企业自身的商业逻辑，是在浮躁的时代超越浮躁、在动荡的时代穿越动荡的唯一选择。

我非常喜欢一段话："真正的光明绝不是没有黑暗的时间，只是永不被黑暗掩蔽罢了。真正的英雄绝不是永没有卑下的情操，只是永不对卑下的情操屈服罢了。"

套用这段话，我想说：真正的长期主义者绝不是永没有短期选择的冲动，只是永不被短期的冲动动摇罢了。

最后我想用一段歌词来结束本节："是否找个理由随波逐流，或是勇敢前行，挣脱牢笼。我该如何存在？"

这是歌手汪峰的追问，也是我们每个人自己的追问。路就在脚下，是你可以选择的。选择什么样的道路，你就会有什么样的人生。

主要观点

- 坚持长期主义的组织才能赢得长久的胜利。
- 短期行为是将资源投到当前，被动应对环境的变动；而长期主义是将资源投到未来，主动塑造自己的命运。
- 人和组织都是可塑的，短期主义是像地心引力一样的存在，我们要做的，就是始终用长期主义来校正我们的行为，保证我们不会偏离长期主义的主线。
- 最终是管理中最基本、最简单、最普通、最质朴的常识性要素，以及它们之间的动态匹配程度，决定了人和组织到底能走多远。
- 在长期与短期之间、在全局与局部之间、在追求使命与追逐眼前利益之间，当纠结出现的关键时刻，你的抉择最能暴露你深层次的追求究竟是什么，也最能决定你和组织的最终命运。
- 从长期主义的视角重新理解和重新建构企业自身的商业逻辑，是在浮躁的时代超越浮躁、在动荡的时代穿越动荡的唯一选择。

不确定环境下战略决策的长期与短期

在上一节中，我们重点探讨了不确定环境下为什么一定要坚持长期主义，这个话题并没有结束。

长期主义很重要，但并不是所有的长期主义者都能取得最终的胜利。管理者面临的一个悖论是：眼前的生存才是长远发展的基础。为了长远的发展，我们必须有长期主义的信念；但为了眼前的生存，我们也必须兼顾现实的压力。如何平衡当下迫在眉睫的压力与发展行稳致远的组织、着眼未来长远的战略？

中国历史早就告诉我们一个道理：纯粹的书生是成不了事的，书生最大的问题是有情怀，但是不接地气。纯粹的土匪也是成不了事的，土匪的问题是接地气，但没有情怀。真正能成事的，是接地气的书生。

对于管理者来说，光有做事的激情是不行的，还要有解决问题的能力。光有对价值的执着是不行的，还要有向现实妥协的智慧。

一个伟大的管理者，既要有对理想的坚守，又要有清醒的现实取向。要在理想中关注现实，在现实中追求理想。

在动荡而不确定的战略环境中，对于长期主义者来说，在坚持长期主义的同时，处理好短期与长期的关系，在当下的行动中体现对长期主义的追求，在对长期主义的追求中兼顾阶段性的目标，把理想主义和现实主义完美地结合在一起，便成为长期主义真正落地的关键。

毛泽东曾经说，四渡赤水是他一生军事指挥生涯中的“得意之笔”。[①]《长征组歌》中也有一句话：“毛主席用兵真如神。”四渡赤水作为我军历史上真实而鲜活的战例，非常好地诠释了在动荡而不确定的环境中，优秀的领导是如何在战略决策中把组织的长远追求与眼前的行动完美地结合在一起的。

作战：兵无常势，水无常形

我们复盘四渡赤水的决策过程就会发现，四渡赤水并不是谁事先设计出来的。红军在遵义会议期间制订的北渡长江计划中并没有四渡赤水。即使是在四渡赤水的过程中，一渡赤水的时候也没有想到后来要二渡赤水，二渡赤水的时候也没有想到要三渡赤水。但是，三渡赤水的时候已经想到了接下来的四渡赤水。

这就是不确定环境中真实的战略决策案例。在不确定的环境中，战略不可能完全是事先设计好的。就像四渡赤水一样，战

① 聂荣臻，《聂荣臻回忆录》（上），战士出版社，1983 年，第 256 页。

略的形成是一个学习的过程，是一个开放的、探索可能性的过程，进而是动态的演化过程。

战争必须有计划，没有计划或者计划漫不经心，从来都是战略的大忌。战争充满了不确定性，而人的理性总是有限的，没有人从一开始就能一次性地看清所有的过程和细节。意外、偶然性和不确定性是战争的有机组成部分，在战争史上，完全按照事先计划来实现的战略，只能是例外，而不可能是常态。这就是战争与战略最大的悖论。

在这样一种环境中，即使是对于长期主义者来说，战略和计划也不可能完全是事先的一次性决策，更不可能是仅靠逻辑推导，甚至凭空想象的决策。不要奢望可以一次性制订出一个经过深思熟虑的计划，然后完美地执行到底。

决策者一开始所能明确的，最多是总体的战略意图和大致的战略方向。决策者所能提出的，最多是基本的战略假设以及初步的行动计划。

总体的战略意图要保持不变，但最初提出的行动计划，在真正执行的过程中，大概率是需要修正的，甚至可能被全部放弃。就像红军放弃了在遵义所制订的在泸州上游和宜宾上游渡江的计划。最终的行动路线，往往是在打的过程中一步步明晰起来的。

所以，好的战略决策必须具备两方面的要素。一方面，一定要提供清晰的战略意图作为长远的基本框架。这样的战略意图，就可以为作战行动提供一个大致的范围和总体的方向。

制定总体战略意图一定要深思熟虑，这样就可以始终把握总体的战略方向，不会在不断调整的过程中不知不觉地脱离原有的长远方向，从而出现所谓的“战略漂移”。

但是另一方面，在战略决策中，还要给种种偶然性和不确定性留出足够的随机应变、临机处置的空间，根据情况的变化而不断地调整。

用毛泽东的话来说：“大方向虽在一个时期中是不变更的，然而大方向内的小方向则是随时变更的，一个方向受了限制，就得转到另一个方向去。……一个时期之后大方向也受了限制，就连这种大方向也得变更了。”[①]

在动荡而不确定的环境中，真正的机会与方向往往不完全是事先规划出来的。机会与方向是在不断试探与行动的过程中逐渐清晰起来的。从认知角度来说，战略方向的明晰过程，又注定是一个不断试错和探索的过程。

这就需要战略决策必须保持弹性、保持柔性、保持灵动性，更主要的是，要对未知的机会与方向保持开放性。在执行的过程中，则要始终保持对形势变化的洞察力，保持心智的流动性，保持快速的响应能力，从而保证行动与策略的弹性。

决策者不能单纯依靠此前制订的计划，更要依靠对稍纵即逝的机会的敏锐嗅觉，以及对机会的迅速响应。要在混乱中寻找机会，在动态中把握机会，在不确定性中创造机会。一旦机会出

---

① 《毛泽东选集》（第一卷），人民出版社，1991 年，第 228 页。

现，就要果断地在选定的方向上投入强大的资源，从而长驱直入，一举打开局面。

思维：小敌之坚，大敌之擒也

在动荡而不确定的环境中，战略决策最忌讳的是战略思维过于僵化。思维的僵化从来不是真正的长期主义。相反，真正的长期主义一定要打破思维的偏执，思维的敏捷必须是长期主义的组成部分。

回顾一下第五次反“围剿”以及长征初期的形势就会发现，共产国际军事顾问李德的指挥，最鲜明的特点就是特别强调战略过程中的计划与控制。他一旦制订作战计划，就会以命令的形式，下达给部队去执行。而他自己接下来做的事情就是检查、督促和纠正，防止下属在执行命令的过程中出现偏离。

他要求部队像一台精密的机器一样，有条不紊、严丝合缝、分毫不差地按照他的计划执行他的命令，从而实现他的战略意图。

这就是李德的悲剧：他企图让不确定的环境适应自己的计划，而不是让自己的计划和部队的作战行动适应不确定的环境。僵化的战略思维，最终使李德式的指挥变成了一场彻头彻尾的灾难。

孙子在谈到用兵的时候，有一段精彩的话：“用兵之法，十则围之，五则攻之，倍则分之，敌则能战之，少则能逃之，不若则能避之。故小敌之坚，大敌之擒也。”

其核心就是要根据对手的情况、双方的实力对比，来决定打不打、如何打，避免计划与行动的僵化，“合于利而动，不合于利而止”。换成我军的传统术语来说，就是“打得赢就打，打不赢就走”。

在二渡赤水的过程中，中共中央和中革军委曾发布《告全体红色指战员书》，指出：“必须经常地转移作战地区，有时向东，有时向西，有时走大路，有时走小路，有时走老路，有时走新路，而唯一的目的是为了在有利条件下求得作战的胜利。”

文告的精神很清楚，在决策和行动中要对多种可能性保持开放的心态，直到找出最明智的解决方案。因此红军的作战行动有了高度的随机应变性、灵活机动性，有了高度的流动性和响应能力。更主要的是，这种打法还可以让对手陷入更大的不确定性之中。

战争永远是不确定的，对参战双方来说都是如此。所以，关键是谁能够尽量减少自己的不确定性，同时增加对手的不确定性。如果你能够运用策略和行动，带给自己尽可能大的确定性，把最大的不确定性留给对手，就可以增加自己取胜的概率。

在不确定的战略环境中，最大的战略能力就是感知、驾驭和利用不确定性的能力，包括给对手制造不确定性的能力。对于弱者来说，这一点尤其重要。

如果一切都是确定的，战争就成了拼资源、拼实力、拼消耗，弱者就很少有颠覆对手的机会。而在不确定的环境中，弱者反而可以充分利用不确定性所带来的机会，通过机动灵活的行动、虚虚实实的策略，给对手造成更大的不确定性，让对手出现更大、更多的错误，使对手的整个作战体系陷入崩溃，从而为自己打败对手创造条件。

四渡赤水中，红军的机动，从自己的角度来说，是寻找突围机会的过程，从对手的角度来说，则是制造混乱、让对手的防御体系在手忙脚乱之中出现大漏洞的过程。红军抢渡金沙江的机会，就是这样出现的。

所以，真正的高手从来不排斥不确定性，相反会接纳、拥抱、顺应、利用不确定性，包括有意给对手制造更大的不确定性，由此把不确定性带来的益处利用到极致。这样的不确定性，就成了打败对手或拉开和对手的距离的最好机会。

不过，要想做到这一点，不能依靠常规的、线性的战略思维。相反，战略思维必须是弹性的、开放的、灵动的、随机应变的，不能陷入偏执与片面。

在真正的战争中，形势永远是易变而不稳定的，就像水一样，会持续不断地流淌变化。正是因为形势的这种易变性，所以在真正的高手看来，任何失败都可能是一个潜在的机会，任何成功也都可能是一种潜在的风险，这就需要思维高度灵活。

组织：兵形象水

在动荡而不确定的环境中，要想真正达成组织的长期目标，还必须满足一个条件，就是要有一个柔性的、灵活的、敏捷的、适应性强的组织。敏捷的组织是实现长期主义的保证。

游击队最大的组织特点是机动灵活。游击队中往往没有一个多余的人，所有人都是战斗员。游击队往往是扁平化的，极为高效。作战指挥也往往是分布式的，做决策的人都是听得见炮声的人，一有情况，马上就可以做出最有效的反应。

长征的时候，红军在组织上最大的特点就是敏捷。尤其是扎西整编以后，3 万红军，除红一军团之外，其余军团全部取消了师的编制，由军团直接辖团。整编后，多余的机关工作人员也全部下放到团里，充实一线作战部队。

所以，扎西整编后的中央红军基本上就是三级指挥体制：中央、军团、团。用今天的话来说，就是扁平化。而且，中央与军队一起行动，中央做了决策，马上就可以行动，“头过身就过”，机动应变能力极强。

更重要的是，在这个组织中，上下沟通的效率极高。一线的信息可以迅速传到中央，一线指挥员的建议也可以迅速成为中央决策的参考和依据，甚至在关键的时候改变中央的决策，使中央的决策更加符合实际。

红军第四次渡过赤水后，1935 年 3 月 24 日晚上，中央给各军团下达了 25 日的作战部署：迅速通过遵义和仁怀一线的国民党防御，向西南寻求新的机动，到达黔西和大定地区。

3 月 25 日，三军团军团长彭德怀和政治委员杨尚昆给中央致电：目前向西南寻求机动，首先要突破周浑元、王家烈、孙渡几个纵队，对红军来说完成这样的任务很困难。而根据侦察到的情况，乌江上的茶山关、桃子台一线，如有准备，两岸可以架设浮桥。所以，红军转向东南的乌江流域比较有利。

他们的建议立即被中央采纳，于是才有了四渡赤水之后的南渡乌江。

让听得见炮声的人参与决策，决策就不再是某个人或某一小部分人做出，然后交给其他人来执行这样一个僵化呆板的过程，而是一个上下不断互动和反馈的过程。

组织也因此可以高效地将一线的真实变动迅速纳入自己的决策之中，并做出最优选择，从而最大程度保证对动态环境的适应能力。

回过头来看国民党军队的组织，在云贵川追击红军的国民党 40 万大军，从指挥体制上至少分成了六级：蒋介石是委员长，龙云是第二路军总司令，薛岳是前敌总指挥，周浑元、吴奇伟、孙渡、王家烈是 4 个纵队司令，纵队下面是师或者旅，师或旅下面才是团……

这完全是一个官僚化、刚性化的组织。战机稍纵即逝，前线的情况一级一级上报到蒋介石那里，蒋介石做出决策，然后一级一级地下传到一线部队，战场的情况早就发生了变化。所以，国民党的部署也就永远要落后于形势一步甚至几步。

并不是所有的组织都能做到随机应变。在动荡而不确定的环境中，柔性的组织才能最好地适应环境的变化，抓住动荡中的机会。而官僚化和刚性化，则向来是组织的大忌。

僵化的组织在动态的环境中注定会失败，甚至会被淘汰。在动态而不确定的环境中，灵活机动本身就是组织必备的内生能力。

用孙子的话说，好的组织要能做到："其疾如风，其徐如林，侵掠如火，不动如山，难知如阴，动如雷震。"好的组织不是刚性化的、官僚化的，而是能快、能慢，能攻、能守，能低调，还能爆发。一切取决于环境。

这是一种典型的敏捷型组织，可以随时在行动中调整计划和改变目标，可以适应多种作战环境、多种作战条件、多种作战形态，可以完成多种作战任务，具有强大的适应能力，具有迅速调整资源配置的能力。

这也就是孙子所说的"兵形象水"。在不确定的环境中，一定要打造出水一样的组织。这样的组织，才能有效地应对各种不确定性的挑战，并最终实现组织的长远目标。

使命：道者，令民与上同意也

当然，这里面也有一个问题：随机应变，不断调整，变来变去，那还要战略干什么？是不是战略就没有任何意义了呢？

不是的。四渡赤水过程中，红军行军路线不断调整和变化的背后，有一个不变的因素，这就是一定时间段内相对稳定的战略意图。行动层面所有的变化，其实都是围绕着更好地实现相对稳定的战略意图而展开的。这样，变化就有了不变的轴线。

也只有在行动层面根据环境进行灵活机动的调整，才能更好地适应环境的变化，从而更好地实现组织的战略意图。

当然，战略意图也只是相对稳定的，是阶段性的，从长远来说也是会根据形势的变化而调整的。所以，不同的战略阶段就会有不同的战略意图。

在组织阶段性的战略意图背后，还有一个更重要的不变的因素，这就是组织的使命。不变的组织使命才是长期主义的真正灵魂。

四渡赤水之战，红军作战方向的变更先后有十几次之多。对于部队来说，这意味着什么？不断地走，不断地变；刚往左走，又往右跑。这可能会让执行变成一件令人痛苦的事情。

然而，在不断转换作战方向的过程中，虽然部队有情绪、有困惑，甚至有质疑，但即使在最不确定的情况下，红军也没有散掉，红军上下还是始终坚决执行命令。

因为一个最深层的东西从来没有变，这就是共产党军队的长远使命与事业，以及他们对于这个事业一定能实现的信念与信心。

当所有的探索和与此相伴的痛苦都是为了实现一个长远的使命，都是为了完成一个伟大的事业时，不断调整就是完全可以接受的，眼前的痛苦也是完全可以忍受的。这也就是孙子所说的“道者，令民与上同意也，故可以与之死，可以与之生，而不畏危”。

毛泽东说，前途是光明的，道路是曲折的。[①] 因为相信前途是光明的，所以就可以容忍眼前道路的曲折。因为只有接受曲折的道路，才能实现长远的光明前途。

---

① 《毛泽东选集》（第四卷），人民出版社，1991 年，第 1163 页。

这也是为什么在同样一场战争中，在同样的不确定环境中，红军可以以惊人的意志完成四渡赤水，并通过四渡赤水摆脱了敌人的追击。而有绝对优势的国民党军队却怨声载道，士气低落，意志消沉，行动消极。双方在执行力上表现极其悬殊，背后的道理就在这里。

环境是不确定的，人的理性是有限的。当一切都是不确定的时候，唯一可以确定的，就是组织对未来的强大信念。在不确定的环境中，确定的使命与信念所体现出来的力量，比任何时候都更加深刻、更加清晰。

真正的战略远见从来都来自强大的信念。组织有了清晰的使命和信念，就会有足够的穿透不确定性迷雾的眼力和定力，从而真正坚持组织的长期主义。

更主要的是，当组织中的所有成员都把关注的重心放到使命与信念，而不仅仅是达成使命的阶段性行动上时，阶段性的行动随时可以调整这一点，就会成为上下普遍接受的共识。这样的组织会给行动的随机应变以更大的自由度，组织成员的行动也就会有更大的活力和主动性。

就像四渡赤水一样，当所有人都把关注的重心放到组织所要实现的终极使命的时候，所有围绕路线调整而产生的暂时性冲突与疑惑，也很快就可以得到解决，新的共识也很快就可以达成。这对于不确定环境中的高效执行来说至关重要。

战争如此，企业的管理也是如此。在动荡而不确定的环境中，华为为什么依然可以坚持长期主义？

环境不断地变化，华为的业务与战略甚至组织在不断地调整，但华为的两条核心价值观从来没有变过：以客户为中心，以奋斗者为本。

这是华为的两个基本点，这是华为在动荡时代的组织之锚，也是华为战略定力的基石所在。

四渡赤水这一战例的价值就在于，它给我们揭示了，在动荡而不确定的环境中，战略决策的长期主义追求是如何通过眼前的行动选择来实现的，而眼前的行动选择又如何体现了组织的长远追求。

在四渡赤水的决策过程中，我们可以看到战略决策的三个层次：长远的根本使命、阶段性的战略意图、眼前的行动选择。

使命是不变的，战略意图是相对稳定但又会做阶段性调整的，而当下的行动则要随机而变。

眼前的变之中有长远的不变，长远的不变之中有眼前的变。变与不变、长期与短期，完美地结合在一起。

因此，组织的信念和使命越坚定、越清晰越好，但是实现组织战略目标的手段和路线越灵活、越敏捷越好。从这个意义上说，好的长期主义，一定是理想主义与现实主义的综合体。

主要观点

- 好的战略决策必须具备两方面的要素。一方面，一定要提供清晰的战略意图作为长远的基本框架。另一方面，还要给种种偶然性和不确定性留出足够的随机应变、临机处置的空间，根据情况的变化而不断地调整。

- 战略决策必须保持弹性、保持柔性、保持灵动性，更主要的是，要对未知的机会与方向保持开放性。在执行的过程中，则要始终保持对形势变化的洞察力，保持心智的流动性，保持快速的响应能力，从而保证行动与策略的弹性。

- 真正的高手从来不排斥不确定性，相反会接纳、拥抱、顺应、利用不确定性，包括有意给对手制造更大的不确定性，由此把不确定性带来的益处利用到极致。

- 在动荡而不确定的环境中，柔性的组织才能最好地适应环境的变化，抓住动荡中的机会。而官僚化和刚性化，则向来是组织的大忌。

- 组织的信念和使命越坚定、越清晰越好，但是实现组织战略目标的手段和路线越灵活、越敏捷越好。

先胜：不确定环境下的核心战略理念

前面两节，我们从不同的角度探讨了在动荡而不确定的环境下如何坚持长期主义，以及如何把握战略决策的长期性与短期性。这一节，我想进一步探讨变局时代不确定环境下战略决策的另一个核心理念，这就是孙子兵法中的“先胜”原则。

在孙子看来，战争取胜的一条法则是，不要先想着赢，要先保证自己不输。简单地说，就是不打无把握之仗，先立于不败之地。先奠定不输的基础，再追求赢的机会。

湘军统帅胡林翼也说过这样一句话：“兵事不可言奇，不可言精。盖必先能粗而后能精，能脚踏实地，乃能运用之妙，存乎一心也。”

用兵之事，先不要一味追求策略上的出奇，一味追求管理上的精致。只有把最基础的事情做好，才能追求更高的境界；只有把组织的根基打牢，才谈得上策略的灵活运用。

直到今天，这也应该是我们在动荡而不确定的战略环境中进行经营与决策的基本原则。

理念：先为不可胜

关于“先胜”，《孙子兵法》中有一段非常精彩的话：“昔之善战者，先为不可胜，以待敌之可胜。不可胜在己，可胜在敌。故善战者，能为不可胜，不能使敌之可胜。故曰：胜可知，而不可为。不可胜者，守也。可胜者，攻也。守则不足，攻则有余。善守者藏于九地之下，善攻者动于九天之上，故能自保而全胜也。”

这段话的大意是：过去那些善于作战的高手，总是先保证自己不失败，然后再等待战胜对手的机会。不失败的主动权在自己，能否胜利要取决于对手。所以真正的高手，能够做到的是不失败，并不能保证一定能打败对手。所以胜利可以预见，但不能强求。没有取胜的可能时，就应该实行防守。有可能战胜对手时，就要果断进攻。防守是因为优势不足，进攻是因为兵力有余。善于防守的人，隐藏自己的实力如同藏于九地之下；善于进攻的人，展开自己的攻击如同动于九天之上。这样，既能保全自己，又能取得完美的胜利。

这段话，把“先胜”的核心理念讲得淋漓尽致。

我们为什么要参与竞争？一定是出于赢的目的。《孙子兵法》就教了我们如何在竞争中取胜。但有意思的是，《孙子兵法》一上来就告诉我们：真正的高手，不是先想着如何去赢，而是先保证自己不输，然后再寻找赢的机会。

下围棋的人都知道一句话，叫作“金角银边草肚皮”。如果你不是绝世高手，那绝对不要贸然进入中腹去争夺。你要先占据边和角那些具有战略价值的地方，先立于不败之地，然后以此为根据地，依托这些边和角，寻找机会向中腹发展。得一寸就是我的一寸，得一尺就是我的一尺。进可攻，退可守。

秦国如何统一了中国？秦统一中国，不是贸然进入关东与六国争夺，而是先向西发展，“益国十二，开地千里”。使西边的十二个小国家成为附属国，扩张了一千里的战略纵深。尤其是灭掉了巴国和蜀国，就是今天的四川和重庆地区，在战略上打下了稳固的基础，先立于不败之地，然后向东以争天下。

秦国在与六国作战的过程中，也会打败仗，但打了败仗就退回函谷关以西，根基不动摇，随时可以卷土重来。六国在与秦国的作战中，也打过胜仗。但所有的胜仗，根基都是不稳固的，最后在与秦国的争夺过程中，让秦国一步步地占了上风。

毛泽东从一开始，就非常重视根据地的建设。在当时的情况下，根据地是工农武装割据的基本阵地，是红军战争的可靠依托，是胜利发展的立足点和出发点。不创建根据地，武装斗争就没有后方依托而将陷入失败，成果也无法保持。①

抗日战争时期，他又对根据地思想做了进一步的发挥，说根据地是军队赖以执行自己的战略任务，达到保存和发展自己、消灭和驱逐敌人之目的的战略基地。“没有这种战略基地，一切战略任务的执行和战争目的的实现就失掉了依托。”②

---

① 杨先农主编，《马克思主义中国化研究纲要》，四川人民出版社，2008年，第204页。

② 《毛泽东选集》（第二卷），人民出版社，1991年，第418页。

在长期、复杂而艰苦的斗争环境中，首先要创建、巩固、发展强大的根据地，这成为我党我军始终坚持的核心原则。以根据地为基础波浪式发展，稳扎稳打，步步为营，最终中国共产党在与国民党的博弈中一步步占尽了上风，取得了胜利。

定力：先胜而后战

“先为不可胜，以待敌之可胜”，这句话最关键也最难做到的一个字，就是“待”。

从长远来说，没有偶然的成功。所有的成功都是建立在精心准备和计算的基础上。所以，真正的高手一定具有足够的战略耐心与定力。

在《决策学的诡计》一书中，克里斯·布雷克以扑克牌游戏为例说：在扑克游戏中，优秀的玩家有一个特点是可以从容地应对一手烂牌。在牌运不好的情况下，他们依然有能力做出正确的决策。遇到不利的情况时，他们不会大喊大叫，并埋怨自己的牌运或发牌人，而是镇静地打烂牌并等待下一局，因为他们知道，从长期来看，自己会赢。

喜欢读武侠小说的人都知道，高手对决，到最后考验的是双方的内力和定力。

在对抗中谁都会出错，你不可能完全没有失误。就像下棋一样，走错一步棋是不可避免的。但你不能连续错，尤其不要犯大的无可挽回的战略性错误。

对手不会放过任何攻击你的机会。你自己先要没有大的漏洞，没有大的隐患，不出大的差错，不给对手提供大的可乘之机。

不犯错的主动权在你自己手里。对手犯不犯错是你无法决定的。你无法强迫对手犯错，但至少可以保证自己不犯错，然后耐心等待机会的出现。用孙子的话说，这叫“善战者，立于不败之地，而不失敌之败也”。这是在动荡、复杂而不确定的环境中唯一可以自己把握的东西。

曾国藩用兵非常强调战略定力。他打仗有个战术，叫作“结硬寨、打呆仗”，要结营就要结硬寨。什么叫结硬寨呢?

曾国藩有个规定，湘军行军，到了一个地方，不管多么晚，不管多么累，也不管天气如何，第一不能休息，第二不能主动找太平军挑战，要先挖壕沟。一共挖四道沟，内外各两道，对沟的深度和宽度都有要求。

然后是“垒墙子”。用挖沟挖出来的土，在内外两道沟之间垒一圈墙，对墙的高度和厚度也都有要求。墙子垒完之后，再在最外层那道沟的外面，将5尺长的扎花篱的木头埋进土中2尺，做成障碍物。工事这才算修完了。

然后再派出三成人“站墙子”，也就是战略值班。其余的人可以休息。过一个时辰，再由另外三成人起来换防。

用曾国藩的话说，哪怕是临时住一晚上，也必须做“坚不可拔之计”。哪怕我只是临时在这里停留一晚，太平军想来偷袭，也没门儿。这叫“结硬寨”。

曾国藩为什么要这样做?他说:“但使能守我垒安如泰山，

纵不能进攻，亦无损于大局。”意思是只要自己的营垒安如泰山，即使一时不能发起进攻，也无损于整个大局。

我们做企业也是一样。把一个市场、一个客户拿下了，这就是我的市场、我的客户，对手根本就撬不动、撬不走，不给对手任何机会。

这就是先立于不败之地，而不失敌之败。正是依靠这一战术，曾国藩在与太平军的较量中，一步步占了上风。

根基：修道而保法

如果从战略决策的角度来说，“先胜”是不要犯战略性的错误，那么从组织管理的层面来说，“先胜”则是要先筑好组织取胜的根基。

孙子说：“是故胜兵先胜而后求战，败兵先战而后求胜。”打胜仗的军队，总是有了胜利的把握，然后才会出手。打败仗的军队，总是不管三七二十一冲上去就打，企图在打的过程中侥幸取胜。

好的企业也是这样，不侥幸，不投机，老老实实把基本面做好，不会老抱着搏一把的心理。

若内部管理混乱，组织千疮百孔，机会越大、发展越快，反而会死得越惨。太多陷入败局的组织，其实都是败于自身，都是自己打败了自己。

胡林翼有句用兵的格言：“一年不得一城，只要大局无碍，并不为过；一月而得数城，而贼来转不能战，则不可为功也。”

一年也打不下一座城池，只要对大局没有影响，也不算是什么过错。一个月打下了几座城池，敌人一进攻，就全丢光了，也不能算是战功。

做企业最忌讳的就是胜则一日千里，负则一败涂地。看起来不断在攻城略地，其实却是商业上的流寇，并没有根基。

真正的长期主义高手，一定是先把管理的基本面做扎实，先立于不败之地，这样才能不管外在的环境如何动荡、如何变化，都能从容掌握自身的命运。用孙子的话说就是："修道而保法，故能为胜败之政。"

孙子提出的"道""天""地""将""法"这五大要素，正是动荡时代要把握的管理基本面。

什么是"道"？就是企业的愿景。什么是"天"？就是企业所处的大势。什么是"地"？就是企业所处的行业与市场。什么是"将"？就是企业家和自己的核心管理团队。什么是"法"？就是企业的法规、制度、流程，也就是企业的组织与管理。动荡时代战略管理的核心要素就是这些。

用孙子的话说，是"凡此五者，将莫不闻，知之者胜，不知者不胜"。这五大要素，将帅都不可不深入了解、透彻把握。深入了解的人就能取胜，不深入了解的人就无法取胜。

需要提醒的是，在动荡的时代，"道""天""地""将""法"这五大要素，不是彼此孤立的，而是互为条件、相互支持的关系，一定要综合起来看。

比如"天"，即所谓的大势和时机，对于竞争者当然非常重要。面对同样的大势与时机，什么样的人能把握住？那就是优秀的“将”，既有理解大势、洞察机会的智慧，又有把握大势、抓住机会的果断。

同样的大势与机会，什么样的组织能够把握住？优秀的组织，既有清晰的理念，也有卓越的管理。

如果组织层面没有“道”和“法”的支持，领导力层面没有“将”之“五德”的品质，就算有大势和机会摆在面前，你也把握不住，或者说没有办法长远地把握住。你最多只是投机者，能胜于一时，无法胜于长远。所谓的机会，甚至会变成巨大的陷阱。

大部分中国企业是怎么起家的呢？往往是一个优秀的企业家（“将”），依靠其敏锐的眼光和过人的魄力，发现和利用了改革开放和经济发展的大势所带来的各种战略性机会与风口（“天”），进入了一个行业与市场（“地”），然后有了今天的成就。

然而，如果仅仅把企业的成功寄托在机会与风口之上，那么机会与风口的寿命就是企业的寿命。在今天竞争越来越激烈的情况下，竞争越来越变成正规战、阵地战、攻坚战，对组织能力的要求也越来越高，压力越来越大。“五事”中“法”的重要性因此就越来越突出。

更重要的是，又有多少中国企业有清晰而坚定的“道”，有伟大的价值追求，这种追求又切切实实地能够被员工、伙伴、客户、社会真心认同和接受，真正做到孙子所讲的“上下同欲”，做到“令民与上同意”，从而使组织真正有了灵魂呢？没有这样的价值追求，没有这样的灵魂，要想打造卓越的组织，就只能是一句空话。

所以当代中国企业的管理理念，一定要经历从以机会为核心，到以组织为核心，再到以价值观为核心的转变。好的企业，一定是时代的推动、卓越的领导、组织的进步、价值观的胜利等要素的复合体。

战争是充满了不确定性的领域，将军们必须在高度不确定的环境中争取确定的结局，这就是胜利。正是因为如此，将军们对动荡而不确定环境中的管理法则的理解，也就远比其他任何领域都更为成熟。“先胜”原则就是其中最深刻的理解之一。

在动荡而不确定的竞争环境中，竞争者很容易走着走着就迷失了自己。但不管你意识到还是没有意识到，最终是管理中最基本、最简单、最普通、最质朴的常识性要素，以及它们之间的动态匹配程度，决定着你到底能走多远。

孙子的“先胜”理念告诉我们，在动荡而不确定的环境中，无论是在战争中还是在竞争中，正是这些貌似老生常谈、千年不变的管理常识，才是真正决定组织命运的根本力量。

在企业经营的过程中，有些东西是你能决定的，有些东西是你不能决定的。在大变局时代，坚守管理的常识，定期像照镜子一样回到这些基本的要素来反思自己的组织，并持之以恒地从这些基本的要素入手，去夯实你的管理基础，提升你的整体能力，比什么都重要。这是组织的根基，是组织能够历经大风大浪而岿然屹立的保证。

主要观点

- 真正的高手，不是先想着如何去赢，而是先保证自己不输，然后再寻找赢的机会。

- 不犯错的主动权在你自己手里。对手犯不犯错是你无法决定的。你无法强迫对手犯错，但至少可以保证自己不犯错，然后耐心等待机会的出现。

- 打胜仗的军队，总是有了胜利的把握，然后才会出手。打败仗的军队，总是不管三七二十一冲上去就打，企图在打的过程中侥幸取胜。

- 内部管理混乱，组织千疮百孔，机会越大、发展越快，反而会死得越惨。

- 如果仅仅把企业的成功寄托在机会与风口之上，那么机会与风口的寿命就是企业的寿命。

- 好的企业，一定是时代的推动、卓越的领导、组织的进步、价值观的胜利等要素的复合体。

长期主义视角下的打胜仗：并不是所有的胜利都那么重要

这一节，我想围绕“打胜仗”这个理念，在前面三节的基础之上，继续就长期与短期的话题，从另一个视角展开讨论。

“打胜仗”今天已经成为一个热词。在动荡而不确定的时代，“让打胜仗的思想成为一种团队信仰”，也越来越深入人心。

很多企业借鉴华为以及军队打胜仗的经验，打造出了自己的高效常胜团队，提高了打胜仗的能力和素养。这对于企业提升自身的竞争力、提高应对动荡而不确定的环境的能力来说，显然是非常有意义的。

但是，任何事情都存在着过犹不及的风险。打胜仗没有问题，但片面地理解军队的打胜仗，反而会让企业走入误区。

有些企业为了打胜仗而打胜仗，忘了企业经营的根本目的；有些企业只是从作战的层面去理解打胜仗，没有从更高的战略层面去打胜仗；有些企业把打胜仗变成一种运动，不是从基本面上奠定打胜仗的基础。

在第一节中，我已经引用过陈春花老师关于打胜仗的观点：

机会主义者只能得到暂时性的胜利，实用主义者会获得阶段性的胜利，长期主义者才能赢得持续性的胜利。

企业要想赢得持续性的胜利，从长期主义的角度全面地理解打胜仗，就变得特别重要。

打胜仗的概念来自军事领域，军事学界对于打胜仗早就有了全面的思考。如何全面理解打胜仗，军事上有四条理念可以提供给企业管理者参考：并不是所有的胜利都那么重要，还没打就已经赢才是最高境界，还要有作战层面打硬仗的能力，长期的胜利一定是价值观的胜利。

并不是所有的胜利都那么重要

战争最大的特点是杀敌一千，自损八百。战争是一种暴力的对抗，而暴力的对抗往往会让双方都付出惨重的代价。

所以西方有著名的“皮洛士式胜利”的说法，专门指战争中那些花费巨大代价才获得的胜利。皮洛士是古希腊伊庇鲁斯国王，曾经率军入侵意大利与罗马人作战。在赫拉克利亚会战和阿斯库路姆会战中，皮洛士两次打败了罗马军队，自己却也遭受了重大伤亡，尤其是损失了大量的军官与骨干。所以当会战结束后，有人向他祝贺胜利时，据说皮洛士叹息着说：“要是再来一次这样的胜利，就没有人可以和我一起回国了。”

战争中经常有这样的例子：赢了眼前，却输掉了长远；赢了局部，却输掉了全局；战术层面的一时胜利，恰恰导致战略层面的全盘皆输。

企业竞争也是这个道理。有太多企业，就是因为太看重短期的业绩，反而损害了公司的长远发展。

战争的目的是什么？不是单纯地打败对手。战争的目的，是给自己创造出一种更有利于长远发展的战略环境。只有那些建立了有利于自己长远发展的战略环境的胜利，才是真正有意义、有价值的胜利。

你打败了所有的对手，但是自己也损失惨重。你取得了天下，但是天下已经残破不全。这样的胜利、这样的天下，有什么意义呢？

前面所说的皮洛士，毫无疑问是一名优秀的战术家，却缺乏政治头脑和战略眼光，因而虽取得了无数轰轰烈烈的战绩，获得的却只能是残局和惨胜。

同样，企业竞争的目的是什么？不是单纯的胜利。竞争的目的，是给自己创造一个更有利于长远发展的战略环境。

你打败了所有的对手，但是整个行业已经被打烂了，这样的胜利有什么意义呢？

我们看到太多这样的例子：行业中不断升级的恶性竞争，一步步演化成竞争者的彼此伤害，最终使整个行业没有一个真正的赢家。

只看重一城一池的胜利，是战术家。着眼于整场战争的胜利去布局战争，是战略家。超越战场之外，关注战争之后，从长远和全局的维度去思考战争所带来的深远影响，从而更好地把握战争与驾驭战争，这才是政治家。

借用利德尔·哈特的话来说，将军的战略往往是保证赢得战场的胜利，而政治家的大战略必须看得更远一些，后者的任务是保障战后的和平。

不顾一切地去追求眼前的胜利，不考虑战争的后果，必然会使自己精疲力竭，并在尔后的和平中得不到好处。而且，这样在战后建立起来的和平必然是极不稳定的，甚至还孕育着新战争的胚胎。显然，从长远来说，这样的胜利是不可持续的。

读战争史你会发现一个非常有意思的现象。开始的时候，你会看重每一场胜利，并且为了每一场胜利都不惜代价，全力以赴。但是时间长了你会发现：并不是每一场胜利都那么重要，胜利也不是都只能靠对抗的方式去取得。

更值得警惕的是，动不动就不惜一切代价去取胜，往往会打那些本来就不应该打的仗。

打胜仗只是一种手段，不能把打胜仗变成目的本身。一味地追求打胜仗的结果，忘掉了打胜仗的最终目的，反而可能会使你和组织陷入更大的消耗性恶性争夺，进而陷入更大的全局性灾难。

用孙子的话说："战胜攻取，而不修其功者，凶。"

所以，中国的兵家早就对一味追求胜利的君主发出了警告。吴起说："五胜者祸，四胜者弊，三胜者霸，二胜者王，一胜者帝。是以数胜得天下者稀，以亡者众。"孙膑也说："乐兵者亡，而利胜者辱。兵非所乐也，而胜非所利也。"

2000多年前的忠告，对今天的企业家更好地理解在商业世界中“打胜仗”，同样是适用的。

还没打就已经赢才是最高境界

关于打胜仗，孙子讲过一句非常耐人寻味的话：“善战者之胜也，无智名，无勇功。”真正的高手所打的胜仗，没有智慧的名声，也没有勇武的战功。

我的老师吴如嵩先生讲，他有一次跟俄罗斯汉学家克平女士交流，克平女士说她非常喜欢孙子兵法的一个理念：佩戴勋章最多的将军，并不一定是最好的将军。

原因很简单，所有的勋章都是打出来的。

人们往往会被战场上那些辉煌的胜利吸引，打胜仗越多的将军就会赢得越多的勋章，可是人们往往会忘记问这样一个问题：

如果你有伟大的战略，你的胜利真的需要那么多的战役和那么多的牺牲吗？

关于打胜仗，孙子兵法最核心的思想是“上兵伐谋”。

战争表面上看是双方士兵的厮杀，其实背后是决策者战略决策能力的较量。决策者的战略眼光，是影响取胜成本的关键要素。

所谓的“谋”，就是深谋远虑，就是战略性思考，是对未来的把握，包括战略布局能力。所谓的“伐谋”，就是通过深谋远虑的战略意识，在战略层面，从一开始就通过高瞻远瞩的战略运作，塑造战略格局的形成，引导战略格局的走向，从而使得对手不能跟自己对抗，或者不愿跟自己对抗。

竞争也是如此。加里·哈默尔和普拉哈拉德曾经把竞争分成三个阶段：知识的竞争、路径的竞争和市场的竞争。

第一个阶段是竞争知识上的领先地位，即形成产业发展预见能力及精心构建战略发展框架；第二阶段是抢先塑造及缩短从今天的市场和产业结构到明天的市场和产业结构之间的路径；第三个阶段是一旦新商机“启动”及新的产业结构开始形成，就要努力争取获得市场实力和市场地位。

第一阶段的竞争是构想另一种产业结构和新商机，目标是在“思维和想象力”上战胜竞争对手。第二阶段的竞争是积极朝于我有利的方向塑造未来的产业结构，目的是迂回并超过竞争对手。

哈默尔和普拉哈拉德指出，大多数管理者和商学院的战略学教授念念不忘的，是竞争的第三阶段，即以市场为基础的竞争。然而在这一阶段，胜利的桂冠属于谁，其实早就已经一目了然了。

竞争的结局决定于第一阶段和第二阶段。第三阶段的竞争，也就是市场的竞争，不过是第一阶段和第二阶段的展开。

哈默尔和普拉哈拉德的分析可以给我们什么样的启发？

让团队陷入不断的市场苦战，然后要求团队一定要打胜仗，往往是因为管理者自己在第一阶段和第二阶段出现了问题。

而真正的高手是“未战而庙算胜”。什么是“未战而庙算胜”？仗还没有开打，在战略上就已经赢了，这才是将军的最高境界。

战争中真正的高手，一定要在战略思考和战略布局阶段与层面去奠定战胜对手的基础。竞争中高明的管理者，也一定要把取胜的重心放在战略布局阶段与环节上，着眼于布长远之局、未来之局，通过高明的布局为组织奠定取胜的基础。

孙子说：“胜兵先胜而后求战，败兵先战而后求胜。”打胜仗的军队，是先获得胜利的战略地位，奠定获得胜利的战略基础，才会出手。打败仗的军队，是企图在打的过程中找机会来侥幸取胜。

将军如果不能在战略层面超出对手，就只能寄希望下属在战术层面去打胜仗。而团队在战术层面再能打仗，打再多的胜仗，往往也无法弥补将军在战略上的缺失，更不用说纠正战略上的错误。

雷军说过一句非常精彩的话：不要用战术上的勤奋，来掩盖你战略上的懒惰。

而比战略懒惰更可怕的是：战略上出现了问题，却茫然不知，或不愿承认，甚至把问题甩锅给下属，甩锅给团队，怪罪下属和团队不能打胜仗。

这不是去解决更根本的战略问题，而是企图通过战术或执行层面的胜利来挽回局面。

二战后期，面临战略上的失败，希特勒将所有希望都寄托在了新技术与装备的研发，以及发起战术性的作战行动上，比如说孤注一掷的第二次阿登战役。

希特勒的命运告诉我们，不解决战略层面的根本问题，把大量的时间花在战术与执行层面的打胜仗上，最终只会让团队去更有效地做错的事情。

还要有作战层面打硬仗的能力

在战略层面奠定取胜的基础，当然非常重要，但是战争不仅仅是运筹帷幄，还要靠作战层面的对抗，这样才能把胜利的可能变成现实。企业的发展也不仅仅靠战略布局，最终还是要靠市场的竞争，才能真正占领市场。

再好的战略意图，也需要作战层面的落地。作战层面打硬仗的能力，是实现战略意图必不可少的。

在真实的战场上，胜利是一仗一仗地打出来的。在真实的竞争中，逆境是一步一步地扭转的。尤其是在关键的节点、关键的领域、关键的阶段，个人和组织注定会遇到关系生死、关系全局的硬仗、恶仗。

赢了，打开局面。输了，越加困难。

这时候一定要敢打、能打，而且打则必胜，这样才能推动战略全局向着有利于自己的方向演进。

就像红军在长征中，必须打下娄山关，必须飞渡泸定桥，必须攻克腊子口，因为这关系到组织的生死存亡。除了胜利，已无路可走。

这个时候，拼的是顽强的意志、高昂的士气、剽悍的作风，以及对胜利的渴望。一句话，就是要有敢打硬仗、恶仗的气势。

辽沈战役中著名的三大阻击战，全部是典型的硬仗、恶仗。

塔山阻击战，东北野战军4纵浴血奋战六昼夜，顶住了国民党军队11个师的进攻。守卫塔山正面阵地的34团，战至最后全团只剩下21人。塔山不是山，人就是山。塔山阻击战直接决定了锦州战役的结局。

黑山阻击战，面对廖耀湘多个主力师在猛烈炮火支援下发起的全线猛攻，东北野战军10纵以与阵地共存亡的决心，顽强抗击3天，阵地多次失而复得，最终完成了阻击任务，为东北野战军合围廖耀湘兵团创造了条件。

厉家窝棚之战，一天两夜强行军100多公里的东北野战军6纵，在极度疲劳和根本没有时间构筑工事的情况下，完全硬碰硬，以2个师的兵力，死死顶住了企图由此夺路而逃的廖耀湘5个军的疯狂进攻，为全歼廖兵团立下了头功。

战术千万条，敢打第一条。

毛泽东曾经讲：“这个军队具有一往无前的精神，它要压倒一切敌人，而决不被敌人所屈服。不论在任何艰难困苦的场合，只要还有一个人，这个人就要继续战斗下去。”①

用今天的话说，就是要让打胜仗的思想成为一种团队信仰。

而对于领导者来说，要想打胜仗，除了士气、作风、意志，

---

① 《毛泽东选集》（第三卷），人民出版社，1991年，第1039页。

最关键的，是要打造出强大的组织能力。这是组织持续打胜仗、打硬仗、打恶仗的基础。

在真实的竞争中，较量往往是全方位的。组织经常面临的是在不同层面同时与竞争对手展开较量。因而，优秀的组织不能忽视任何一个层面的能力。

优秀的组织既要有深谋远虑的战略能力，也要有在关键时刻打硬仗、打胜仗的能力，这样才能在任何情况下，始终把命运掌握在自己的手里。用孙子的话说："夫霸王之兵，伐大国，则其众不得聚；威加于敌，则其交不得合。""信己之私，威加于敌，则其城可拔，其国可隳。"

实实在在、踏踏实实从作战的基本面入手，在作战层面打造出能打硬仗的组织能力，才会有打胜仗的牢固根基，才能在激烈的对抗中始终立于不败之地。

长期的胜利一定是价值观的胜利

胜利是有层次之分的。有战术性的胜利，有战略性的胜利；有局部的胜利，有全局的胜利；有暂时性的胜利，有持续性的胜利；有眼前的胜利，有长期的胜利。

那么，究竟是什么决定了组织长期的胜利？

在北大的课堂上，我经常会问学员这样两个问题：

当年跟任何一支军阀相比，共产党的组织在初期看起来都显得那么微不足道，更不用说跟更加强大的国民党比了。为什么最终是共产党取得了政权？

因为这是一个有理念的组织。

长征中的红军，是一支让今天的很多人都无法理解的军队：衣不蔽体，食不果腹，装备极差，颠沛流离，每天面对的是困苦和死亡。如果这是一支国民党的军队，或者任何一支军阀的军队，就会散掉了。红军长征为什么取得了最后的胜利？

因为这是一支有信仰的部队。

共产党的真正优势是政治的优势。在国共博弈的过程中，这种政治的优势一步步转化成了军事上的优势。这是双方力量消长的关键因素。

从历史上看，从来没有哪一支军阀或土匪的队伍能够真正成事，即使是在乱世之中。当尘埃落定的时候，人们会发现，最后胜出的，一定是有着卓越价值观的那支力量。

所以《孙子兵法》谈到打胜仗的五大核心要素，第一个就是“道”。孙子说：“道者，令民与上同意也，故可以与之死，可以与之生，而不畏危。”所谓的“道”，就是让民众和君主有着共同的意愿和追求，因而可以同生死、共患难，不畏惧任何危险。

孙子所说的“道”，就是我们今天所讲的共同的愿景、共同的目标、共同的使命、共同的价值观。这是一个组织的灵魂，也是一个组织打胜仗的根本。

和打仗一样，自古以来企业管理最核心的问题，就是为谁而战、为何而战。

无论是战争的历史，还是商界的竞争，开始相对弱小的组织最终能够取得胜利，一个核心原因就是具有强烈的信念和清晰的价值观，并且相信自己的信念，不断践行自己的价值观。

用孙膑的话说：“卒寡而兵强者，有义也。”兵力虽少，却有强大的战斗力，是因为有着清晰的道义追求。

企业当然是要追求利润的，但即使在商业这种以功利为特征的世界，缺乏使命感的企业也无法走得长远。仅仅靠利益来凝聚的企业，只能是军阀，只能是雇佣军，甚至土匪：没有愿景，没有是非；有利而来，利尽而散。

如果说，在战场上真正让人超越生死利害的，是组织深层次的信念与追求，那么在商业世界中，清晰的使命、愿景、价值观才是一个企业长期胜利的关键。

长期的胜利，最终一定都是价值观的胜利。

主要观点

- 并不是所有的胜利都那么重要，还没打就已经赢才是最高的境界，还要有作战层面打硬仗的能力，长期的胜利一定是价值观的胜利。

- 企业竞争的目的，是给自己创造一个更有利于长远发展的战略环境。

- 打胜仗只是一种手段，不能把打胜仗变成目的本身。一味地追求打胜仗的结果，忘掉了打胜仗的最终目的，反而可能会使你和组织陷入更大的消耗性恶性争夺，进而陷入更大的全局性灾难。

- 战争表面上看是双方士兵的厮杀，其实背后是决策者战略决策能力的较量。决策者的战略眼光，是影响取胜成本的关键要素。

- 团队在战术层面再能打仗，打再多的胜仗，往往也无法弥补将军在战略上的缺失，更不用说纠正战略上的错误。

- 战术千万条，敢打第一条。

- **和打仗一样，自古以来企业管理最核心的问题，就是为谁为战、为何而战。**

- **如果说，在战场上真正让人超越生死利害的，是组织深层次的信念与追求，那么在商业世界中，清晰的使命、愿景、价值观，才是一个企业长期胜利的关键。**

第二章 逆境

如何化被动为主动

变局时代，企业往往要面临更多的环境动荡乃至极端挑战，也往往会遇到更多的挫折与逆境。企业与企业家的韧性由此就至关重要。应对逆境的能力，是变局时代组织和管理者必备的基本功。

没有经历过失败的将军，很难真正理解战争。没有经历过逆境的企业，也很难真正理解竞争。逆境是企业和企业家的成人礼。伟大的组织往往是在逆境之中成长起来的。逆境最能呈现出决定组织生死的底层逻辑究竟是什么。

逆境给那些有能力、有抱负的人和组织提供的是最好的成长机会。在逆境中，优秀的领导者可以最大程度地调动和发挥自身与团队的潜能，从而为组织赢得生存和突破的机会，为组织打下走向卓越的根基。

向长征学习逆境领导力

创业维艰，创业本身就是九死一生的过程。尤其是在动荡而不确定的时代，组织和管理者注定要遇到更多、更大的挫折、打击、失败和逆境，要打更多、更大的恶仗和硬仗，甚至生死突围之仗。应对逆境的能力，由此成为变局时代组织和管理者必备的基本功。逆境也最能呈现出决定组织生死的底层逻辑究竟是什么。

长征是一段在挫折与失败中寻找重生希望的历史，是一段荡气回肠的逆境突围史。因此，我们先借长征这个大家既熟悉又可能并不特别了解的话题，探讨一下管理者在逆境中应该具备什么样的领导力。

浴血重生的长征之路

先简单回顾一下长征的基本历程。

第五次反“围剿”失败之后，1934 年 10 月 10 日，红军被迫长征。长征开始时的最高决策机构是所谓的“最高三人团”，即博古、李德、周恩来。五个军团（一、三、五、八、九军团）、两个纵队（中央纵队和军委纵队），再加上后勤和地方机关工作人员等，长征开始时的中央红军，也叫红一方面军，总人数是8.6万余人。

国民党在红军长征的必经之路上设置了四道封锁线。当时红军装备太多、行军队形拥挤、指挥相对笨拙，种种原因导致行动特别迟缓。问题最终在湘江这第四道封锁线暴露出来。湘江一战，红军损失惨重，由长征开始时的8.6万余人，锐减为3万人左右。五大军团中的第八军团在此战之后只剩下1000人左右，所以过了湘江不久，“第八军团”的番号就被取消了。此战之后，湘江江面漂满了红军战士的尸体和斗笠，“血染湘江”的说法丝毫不夸张。当时老百姓有句话：“三年不饮湘江水，十年不食湘江鱼。”湘江之战可以称为长征过程中最惨烈的一战。

湘江之战对博古和李德的威信造成致命打击，从那时起，红军内部，包括中央内部，开始出现要求更换领导的情绪和呼声，这一要求最终在遵义会议上得以实现。1935年1月，在遵义召开的政治局扩大会议决定取消“三人团”，解除了博古和李德的军事指挥权。

遵义会议上非常重要的决议是毛泽东重新当选为政治局常委。由此，毛泽东重新进入核心决策层，他的指挥艺术开始对红军发挥主导性作用。

遵义会议之后是四渡赤水。红军在四渡赤水之后南渡乌江，兵临贵阳，之后到云南，威逼昆明，最后巧妙渡过了金沙江。这个行动对于红军来说非常重要，李德后来在回忆录《中国纪事》里也承认："渡过金沙江，在战略上就形成了一种新的比较有利的局势，摆脱了蒋介石的追击部队后，通往北方的道路畅通无阻了。"

然而对于红军来讲，长征还远远没有结束。虽然暂时摆脱了在云贵川地区全军覆没的危险，但新的挑战又出现在红军面前，那就是大渡河。

在大渡河，红军首先在安顺场夺取了一条船，但这远远不足以让红军在最短时间内渡过大渡河。要让所有红军都通过这一渡口，大概需要一个月的时间，而国民党追军离大渡河只有不到七天的路程。在这种情况下，红军不得不采取另一个行动——飞夺泸定桥。

飞夺泸定桥的目的是抢占大渡河上唯一的一座铁索桥，保证包括中央在内的红军主力能够顺利渡江。在林彪的指挥之下，红军用三天时间跑了 170 公里山路，边跑边作战，最后按时攻下了泸定桥。所以，"飞夺泸定桥"的关键不是"夺"，而是"飞"，红军表现出了极强的执行力。

飞夺泸定桥之后开始爬雪山。红军遇到的第一座雪山是夹金山，这是非常大的挑战，因为当时红军战士大部分是南方人，很多人从未见过雪山。董必武是"长征四老"之一，他回忆说，当年爬夹金山的时候，"空气越来越稀薄，呼吸越发困难，讲话是完全不可能的事，冷得人连呼气都冻了冰，手和嘴唇冻得发紫。有些人和牲口一步没有走稳，就掉在冰河中，从此诀别。那些坐下来休息喘喘气的就在原地冻僵……我们的人在这里一死就是好几百。他们想坐下来歇歇腿、喘喘气，就从此站不起来了。沿路，我们不停地弯下腰去，想拉他们起来，可是发现已经咽了气”。[①]

越过雪山以后，1935 年 6 月 12 日，红一方面军终于在四川懋功达维镇跟红四方面军胜利会师。这对红军而言是非常大的喜事。

红军一、四方面军会师之后，领导者关于下一步的行军方向产生了分歧。这对毛泽东和中央来说是极大的挑战。因为本来两河口会议的计划是打松潘，打下松潘以后就可以沿着松潘这条线从草地边缘行进，不用过草地，这对红军来讲是好事。但是，因为关于行军方向的持续争论，延误了打下松潘的战机，最后红军被迫开始了艰苦卓绝的过草地行程。

当时正值 9 月，粮食不足，青稞还没有完全成熟，土豆只有拇指大小，藏族同胞躲了起来，所以红军完全找不到吃的。当时对战士的要求是一个人要准备六天的粮食，但事实上很多士兵连两天的粮食都找不到，很快出现了断粮。再加上当地昼夜温差特别大，白天 20 多摄氏度，晚上气温降到零摄氏度以下。所以，在草地上，红军损失了 1 万多人，这是长征途中最严重的非战斗减员。

而这时候，四方面军领导人张国焘反对中央的北上决定，

---

① ［美］艾格妮斯·史沫特莱：《伟大的道路》，生活·读书·新知三联书店，1979 年，第 372–373 页。

给时任红军前敌总指挥部总指挥徐向前和政治委员陈昌浩发了电报，要求南下，并且开展党内斗争。

1935 年 9 月 9 日，毛泽东在四川的巴西（班佑寺）召开紧急会议，决定率领一、三军团单独北上。

对于一、三军团来说，单独北上面临着非常大的困难，首先要打开腊子口，这是红军长征过程中的又一道险关，如果打不开腊子口，就会全军覆没。红军最终突破了腊子口天险，并翻过了六盘山，终于在 1935 年 10 月到达陕北吴起镇。

1936 年 10 月，二方面军和四方面军与一方面军在会宁会师。红军三大主力会师，标志着长征的胜利结束。长征一共进行了两年时间，仅中央红军的行军路程就达到 25 000 里。

《剑桥中华民国史》是国际公认的权威中国现代史，书中对长征有这样一段评价："这次史诗般的'逃亡'跋涉了约六千英里，在两年的时间里，越过了十几座绵亘的大山、几十条河流。历史上几乎找不出可与其相比的意志战胜命运的其他事例，也再找不出一个更好的如此坚韧不拔而又是仓促决定的军事行动的例子。这就是奇迹，长征胜利的奇迹。"

美军准将塞缪尔·格里菲斯也曾经讲："中国共产党人，以他们反复经受的考验证明，他们能够忍耐难以言状的艰难困苦，能够战胜途中大自然好像决意要阻挠他们前进而向他们提出的一切挑战，能够击败下定决心要消灭他们的敌人而达到自己的目的。"

美国著名作家威廉·莫尔伍德说："长征简直是将中国革命划分为'公元前'和'公元后'的一条分界线。其后发生的一切事情都要从这个举世无双的奇迹说起。”

长征是中国历史上的一个分水岭，中国共产党从此脱胎换骨，所以长征在中国历史上具有非常神圣的意义，这也是国际公认的。

重读长征：逆境中的领导力

今天，从长征这个熟悉的案例中，我们能够感受到什么样的逆境领导力呢？

没有经历过失败的将军，很难真正理解战争。没有经历过逆境的企业，也很难真正理解竞争。逆境是企业和企业家的成人礼。伟大的组织往往是在逆境之中成长起来的。逆境是给那些有能力、有抱负的人和组织提供的大好的成长机会。在逆境中，优秀的领导者可以最大程度地调动和发挥自身与团队的潜能，从而为组织赢得生存和突破的机会，为组织打下走向卓越的根基。

组织真正优秀的根基，往往是在逆境之中锤炼出来的。长征中的逆境领导力可以总结为四条：坚定信念，鼓舞士气，同甘共苦，价值驱动。

坚定信念

从最坎坷的经历中寻找积极的意义，从最严峻的考验中汲取力量和智慧，是优秀领导的重要品质。越是在逆境之中，领导者越没有沮丧的权利；越是处于充满负面信息的环境中，领导者越要给予组织充分的信心。而这一切的前提，在于领导者自己必须具备坚定的信念和坚强的意志。

蒙哥马利是二战时期英国著名元帅，他在回忆录里讲："一个指挥官最宝贵的品质之一，也许就在于他在计划与作战行动中传播信心的能力，尽管在他内心对结局并没有太大的把握。"即使对结局并没有把握，领导者也必须把信心传递给组织的每一个成员。

人既是感性的动物，也是理性的动物。在形势不利的时候，感性的一面会充分暴露出来，这时候讲再多道理也没有用。所以克劳塞维茨在《战争论》中说："在紧急的时刻，人们受感情的支配比受思想的支配更多些。统帅必须用自己的内心之火和精神之光，重新点燃全体部下的信念之火和希望之光。只有做到这一点，他才能控制他们，继续统率他们。"

土城之战是四渡赤水的开始，没有土城的失败就不会有四渡赤水。土城之战中，红军的阵地在川军的攻势下开始动摇，这时候朱德主动要求上前线。朱德在关键时刻挺身而出、以身作则，使整个军心士气发生了根本性变化。

毛泽东刚上井冈山时，也没有多少带兵打仗的经验。井冈山海拔较高，红军冬天没有冬衣。要解决过冬问题，毛泽东就要带兵下山去打土豪。可是由于那时刚上井冈山不久，毛泽东对地形、老百姓情况、对手情况都不太了解，指挥经验也不够丰富，所以大败而归。撤回到井冈山脚下时，毛泽东身边一度只剩下了三十几个士兵。大家又累又饿又沮丧，坐在路边垂头丧气。这时候毛泽东站起来，说："现在来站队！我站第一名，请连长喊口令！"[①] 毛泽东的个子比较高，大家以他为基准排成了非常整齐的队伍，唱着军歌回到了井冈山。这样一来，刚刚还濒临解散的队伍，因为领导者在关键时刻站出来，情况得以逆转。

"9·11"事件对美国人的心理造成了巨大的冲击，很长一段时间，美国人不敢进写字楼，不敢坐飞机。"9·11"事发后第四天，时任美国总统小布什来到世贸中心的废墟中，爬到瓦砾堆上面拿着扩音器喊：我们一定可以战胜困难。当时正值美国棒球队打进了世界联赛，比赛地点就在纽约，很多人犹豫比赛是否要继续进行。小布什做了决定，比赛不仅照常进行，而且他还要到现场开第一个球，不顾所有人反对，说所有责任和风险由他自己承担。灯光亮起，小布什走进球场中央，开出了一个非常漂亮的球，现场一片欢呼，几千万人通过电视转播看到了这一幕。小布什的支持率在这一幕之后上升到了80%。他通过这种方式告诉美国人，恐怖分子可以摧毁他们的大楼，但没有办法摧毁美国的根基。这就是一个领导者在关键时刻传递的信心和意志力对整个组织起到的关键性作用。

德军名将古德里安讲过一句话："没有绝望的形势，只有绝望的人。"形势永远不会令人绝望，除非你自己放弃希望。

红军翻过六盘山，人数已经从长征开始时的8.6万减到不足

---

① 中共中央文献研究室编，《毛泽东年谱（1983—1949）》（上卷），人民出版社、中央文献出版社，1993年，第225页。

8000。接下来要进陕北了。陕北的情况不明，未来一片迷茫。但是毛泽东在六盘山上写了那首著名的《清平乐·六盘山》："天高云淡，望断南飞雁。不到长城非好汉，屈指行程二万。六盘山上高峰，红旗漫卷西风。今日长缨在手，何时缚住苍龙？"我们从这首词中感觉不到任何郁闷、沮丧、迷茫、彷徨，反而能感受到一种兴奋、信念、乐观、积极，一种未来就在我眼前、全局就在我手中的感觉。

这就是领袖，他能够在组织处于迷茫状态时，以自己内心之火重新燃起大家的希望，充分发挥领导者在关键时候的作用。

毛泽东曾讲："有利的情况和主动的恢复，产生于'再坚持一下'的努力之中。"[①] 逆境领导力的第一条就是：领导者自己一定要有强大、坚定的信念和意志力。这是一切的前提。

鼓舞士气

领导者自己拥有了坚定的信念，接下来就要鼓舞士气。士气是一切战略战术的基础。那些将组织从崩溃的边缘拉回来的领导者，有一个共同点是他们恢复了组织的士气。在逆境中，每个人都不得不经历心理上的大逆转，逆境中领导力的核心就是在人们的心中重新燃起对战斗的渴望和对胜利的信心：想打，愿意打，更重要的是相信一定能打赢。

---

① 《毛泽东选集》（第二卷），人民出版社，1991年，第412页。

英国军事战略家利德尔·哈特说："决定战争胜负的因素，不是部队士兵的损失，而是希望的丧失。"士兵的损失是物质层面的，物质的损失是可以弥补的。希望的丧失是精神层面的，如果精神层面被击垮了，再多的物质资源都没有用。

19世纪著名的军事理论家若米尼讲："当军队士气不振的时候，任何战术上的规律都不能使其获得胜利。"企业管理者都明白，如果团队士气不振，再好的营销计划也没用。士气对于组织、对于军队作战在精神层面起着至关重要的作用。所以，真正好的领导者都非常关注士气。

四渡赤水过程中有一场非常著名的战役——娄山关战役。娄山关战役的规模并不大，但为什么具有那么重要的意义？因为长征开始以来，红军一直在失败，急需一场胜利来提振士气，娄山关战役就起到了这样的作用。娄山关战役胜利之后，红军士气大振，对于四渡赤水的完成起到了非常好的作用。

共产党军队的最大特点，就是虽然在物质层面没有任何优势，但在精神层面却一直保持着绝对的优势。士气一定要保持高涨的状态。毛泽东讲："这个军队具有一往无前的精神，它要压倒一切敌人,而决不被敌人所屈服。不论在任何艰难困苦的场合，只要还有一个人，这个人就要继续战斗下去。""必须发扬勇敢战斗、不惜牺牲、不怕疲劳和连续作战（即在短期内不休息地接连打几仗）的作风。"[①]

---

① 《毛泽东选集》（第四卷），人民出版社，1991年，第1232页。

什么样的部队叫好部队？士气高昂的部队。什么样的军官是好军官？既要会打仗，还要会带兵，而带兵的核心就是鼓舞士气。

这一点在艰苦环境中尤为重要。所谓“兵败如山倒”，背后的原因就是士气的崩溃。因此，鼓舞士气，让团队看到希望，是非常重要的。

同甘共苦

同生死、共患难、至死不渝的感觉对于逆境中的团队至关重要。不能期望下属做你自己都不愿意做的事情。要分担下属的苦难，和下属一起战斗。与下属同甘共苦的行动在困境之中比任何语言都重要。

《孙子兵法》中有一句话：“上下同欲者胜。”《三略·上略》中讲：“夫将帅者，必与士卒同滋味而共安危，敌乃可加。”作为领导，一定要跟士兵同甘共苦、同生共死，这样任何对手都可以打败。

拿破仑在滑铁卢失败以后曾反思说，因为我很长时间没有跟士兵一起喝汤了。

历史学家肯定不会认为这是拿破仑失败的根本原因，但这是拿破仑发自内心的自责。

拿破仑特别重视跟士兵同甘共苦。远征埃及时，在沙漠行军面临 50 多摄氏度的高温，他下令将所有的车辆和马匹都留给伤病员使用，其他人一律步行，包括他这个总司令。当时军队里有黑死病，他冒着被传染的危险去看望生病的士兵，并且亲自帮着抬尸体。粮食供应不足，他和士兵一起用餐。

拿破仑为什么在法军中有那么大的影响力？为什么拿破仑到一个地方，就相当于增加了 4 个师的战斗力？

除了他的指挥艺术，还有一个原因就是他与士兵同甘共苦。同甘共苦换来了士兵对他发自内心的认同。

但是拿破仑后来做了皇帝，离士兵越来越远，用他的话说，好长时间没有跟士兵一起喝汤了。拿破仑很清楚，失去了士兵，就失去了最根本的作战力量。

同甘共苦的理念对组织特别重要。成吉思汗能够建立一个世界性的帝国，很重要的原因是他有一支牢不可破的团队。而这支牢不可破的团队是如何打造出来的？很大程度上得益于成吉思汗与下属同甘共苦。

1203 年，成吉思汗遭到盟友的突然袭击，部队一下子被打散，身边只剩下不到 3000 人。他们在被迫东撤的过程中，走到一个叫班朱尼河的地方，食物已所剩无几，班朱尼河也干枯了，只剩下一些浑浊的泥水。有一个手下射死一匹野马，大家就烤野马吃。成吉思汗看到手下这些人历经苦难，依然愿意追随他，非常感动，跳到河里，捧起泥水一饮而尽，然后对天发誓说："如果我以后能够成就大业，一定要跟各位共享富贵。若违背誓言，有如此水。"手下人也都非常感动，纷纷跳进河里抢泥水喝，发誓效忠成吉思汗。顿时，班朱尼河上欢声雷动，战败的抑郁气氛一扫而光。这就是历史上著名的班朱尼河之盟。

班朱尼河之盟的重要性并不在于盟誓本身，也不在于那几口泥水，而是成吉思汗与他的手下在最艰难的时候共饮班朱尼河水的这种经历，让他与手下的感情真正到了至死不渝的地步。所以班朱尼河之盟成为蒙古军队心理上反败为胜的一个转折点。

毛泽东在井冈山时，谷不过万石，人不过两千。当地封闭落后，缺医少药，土匪出没，让人感觉这是一个没有希望的地方。在这么苦的情况下，为什么这支队伍不会溃散？毛泽东给中央的报告里讲："好在苦惯了。而且什么人都是一样苦，从军长到伙夫，除粮食外一律吃五分钱的伙食。发零用钱，两角即一律两角，四角即一律四角。因此士兵也不怨恨什么人。"①

我们小时候都学过一篇课文《朱德的扁担》。朱德是军长，还需要亲自去挑自己的粮食，这是真实的事情。当年在井冈山时，红军没有军饷，但会发一点津贴。发津贴时点名，第一个就点朱德的名字。朱德跟普通战士一样，排队领自己的津贴。

为什么当时国民党的士兵被红军俘虏以后都愿意留下来？因为国民党等级森严，官兵之间地位悬殊，军官打骂呵斥甚至侮辱士兵是家常便饭。国民党士兵被红军俘虏以后，发现共产党军队官兵平等，士兵被当人看，有人格、有尊严，所以他们愿意留下。这是上下同欲、同甘共苦的强大影响力。

1940 年，八路军发动了百团大战，取得了很大的胜利，但

---

① 《毛泽东选集》(第一卷)，人民出版社，1991 年，第 64 页。

也招致日本人的报复和国民党的封锁，所以百团大战之后的一段时间，八路军的根据地特别艰苦。这年冬天，毛泽东特意给各个根据地发了一封电报："务使全体官兵团结一致……在困难环境中，对待干部要有正确关系。有确实不负责因而不能完成任务者，当然应当加以指责与处分；有因客观困难或能力关系而不能完成任务者，就不应当加以打击。要确记中央苏区五次反'围剿'时的教训，当时因客观困难不能完成任务的干部，很多受了打击而感觉无出路。现在困难增加，要强调干部同生死共患难的精神。"①

下属可以原谅领导的决策失误，但是绝对不能接受领导把责任轻易推到他身上，因为这是人品问题、人格问题。如果下属对领导的人品产生怀疑，领导就会失去最宝贵的东西——下属的信任。信任是领导力的前提，没有信任根本就谈不上领导力。

同甘共苦，就是用自己的行为告诉组织的成员：我们是生死与共的命运共同体。这一点在逆境中尤其重要。

电影《拯救大兵瑞恩》中，为什么要不惜那么多人的生命，去寻找瑞恩这一个人？因为领导要通过这种方式告诉组织的每一个成员，组织在任何时候都不会抛弃你。

电视剧《亮剑》中，李云龙当独立团团长的时候，跟日军作战被包围了。他本来已经冲出来了，但回头一看张大彪的营没出来，当时就说了一句话："咱们独立团从成立那天起，就没丢下

---

① 《毛泽东文集》（第二卷），人民出版社，1993 年，第 316 页。

过自己的弟兄!”他立刻带人杀了回去。有过这种同命运、共生死的体验，组织才能真正承受任何苦难。

共产党在抗日战争时期利用敌后的空白地区迅速发展起来。当时，国民党也看到了敌后的机会，也想派人到敌后打游击，蒋介石还专门在南岳衡山组织了一个游击干部训练团。当时国共合作抗日，共产党又是打游击出身，所以这个训练团聘请了很多共产党教官授课，包括叶剑英、田汉等。抗日时期民族大义为先，所以共产党教官们把多年打游击的经验和心得倾囊相授，国民党学员听了以后大开眼界。但是，每位共产党教官讲到最后都会说一段话，而国民党学员一听这段话就都傻眼了。

共产党教官说，要想打游击，要做到两条：第一，要跟老百姓形成鱼水关系；第二，军队内部要同甘共苦。

这是国民党军队完全不可能做到的。在国民党军队中，不用说军长和士兵，就是连长和士兵也无法同甘共苦。所以国民党派出几十万人的部队到后方打游击，一部分被消灭，一部分逃了回来，一部分投降做了伪军。不是历史没有给国民党机会，而是国民党没有能力把握住机会。

价值驱动

逆境领导力的第四条是价值驱动。越是在困难的时候，越应该强化团队的凝聚力，但是真正能够超越生死与利害的是组织的价值追求。只靠利益凝聚的团队只能是雇佣军。雇佣军的特点是有利而来、利尽则散，不能形成历经苦难而牢不可破的战斗力量。所以，在逆境中，共同的价值追求所形成的凝聚力比任何时候都更加深刻。

长征就是非常典型的例子。长征队伍中的每个人都走到了最后吗？并没有。

除了英勇牺牲的人，并不是每个人都跟着队伍走到最后，中途因种种原因离开的人往往是在信念上出现了动摇。真正让人走到最后的，一定是坚定的信念和价值追求。

《尉缭子·战威》中有一句话："未有不信其心，而能得其力者；未有不得其力，而能致其死者。"如果部下不信任你，就不会给你出力，更不会把命都交给你。

我们回头看共产党在新中国成立前的发展历程，如果把她作为一个创业团队来看，有很多值得我们深度研究探讨之处。我带学生在四渡赤水的渡口二郎滩上课时，经常会问他们一个问题：为什么这支队伍走到这个地方还有3万人？为什么到了陕北还有8000人？大家不约而同地说：因为这是一支有信念的部队。的确如此，到最关键的时候，这种信念的力量就真正体现出来了，发挥了很大的作用，而这一点与共产党最初的组织基因有极大的关系。

南昌起义时，共产党的党组织只到团级，团里有指导员，但团以下没有党的组织。因此，共产党对军队的影响力很弱，很多军官都不清楚为什么要发动南昌起义，更不用说普通士兵了。

南昌起义之后要到广东发动第二次北伐。南下途中，部队一边走一边散，排长问班长：走不走？走。枪一扔，就走掉了。一个班、一个排、一个连、一个营，甚至蔡廷锴的整个师都离开了，所以到广东时兵力已经剩下不多了。

1927年9月，毛泽东发动了秋收起义。跟南昌起义的正规军不同，秋收起义的部队成员主要是农民。如何稳定这样的队伍，是毛泽东当时面临的最大挑战。

毛泽东在上井冈山之前做了一件事，就是三湾改编。三湾改编的核心，是把支部建在连上。营以上有党委，连里面有支部，班排有小组。每个班十个战士，三四个是党员。

党的组织成为军队组织的核心。只要党组织不散，军队就不会散。

更重要的是，支部建在连上，使得党的理念通过组织下沉的方式来到每个士兵身边，影响到了组织里的每名成员。组织和宣传因此完美地结合在了一起。宣传因为组织而得以落地，组织因为宣传而有了灵魂。共产党由此开始一步一步形成了政治上的巨大优势。

毛泽东后来在井冈山上给中央写的报告中讲："红军所以艰难奋战而不溃散，'支部建在连上'是一个重要原因。"①

今天回头看，当年共产党和国民党相比，在军事上和物质上都没有任何优势，唯一的优势是政治优势。政治优势一步一步转化成军事优势，最后使共产党在国共力量消长的过程中占了

---

①《毛泽东选集》（第一卷），人民出版社，1991年，第65页。

上风。

我们今天来看长征中的红军，衣不蔽体、食不果腹、装备极差，每天面临的是生与死的考验，但为什么就是不溃散？

他们都知道为谁而战、为何而战，在逆境中，这是最核心的力量。所以正如我们前面所说的：什么是信念？相信正面的理念一定能实现，这就是信念。

《汉书》里有一话："善师者不阵，善阵者不战，善战者不败，善败者不亡。"所有人都会经历失败，但最忌讳的是，胜则一日千里，负则一败涂地。伟大的组织可以失败，但是永远有卷土重来、死而复生的机会。

长征其实是一个经典的逆境突围案例。长征是一个大浪淘沙的过程，为中共选出了毛泽东这样的领袖，同时为中共锻造了一支铁的队伍。虽然红一方面军到陕北后只剩不到 8000 人，但几乎剩下的每个人后来都是精英。更重要的是，这样的苦难都经历过了，还有什么样的苦难不可以承受呢？这也是为什么长征在中国共产党历史上具有那么神圣的意义。

我们从长征这个案例中能够学到什么呢？平时组织都会有惰性、有惯性，逆境会逼着组织去脱胎换骨。逆境会让你看出谁是真正的骨干，谁只是你暂时的同路人；逆境会让你真正认清楚自己的优势和弱点；更重要的是，逆境迫使你升级自己的竞争优势，拉开跟对手的距离，杀出一条血路来。经历了这样的逆境，你的战略、组织、文化，包括你的自我认知，都会发生根本性变化。你会发现，你可以走以前根本不敢走的路，打以前根本不敢打的仗，下以前根本不敢下的决心，取得以前根本不敢取得的胜利。

我们每个人、每个组织都会遇到挫折，都会遇到逆境。这种时候，想想长征，连这样的苦难都可以战胜，还有什么样的苦难不可以承受呢？如果把长征的精神灌输到你的团队中，你就拥有了一支铁的队伍；把长征精神灌输到你自己身上，你就是一名优秀的领导者。

我想，这可能是长征给管理者留下的最好的精神财富。

主要观点

- 逆境是企业和企业家的成人礼。伟大的组织往往是在逆境之中成长起来的。

- 越是在逆境之中，领导者越没有沮丧的权利；越是处于充满负面信息的环境中，领导者越要给予组织以充分的信心。

- 士气是一切战略战术的基础。那些将组织从崩溃的边缘拉回来的领导者，有一个共同点是他们恢复了组织的士气。

- 不能期望下属做你自己都不愿意做的事情。要分担下属的苦难，和下属一起战斗。与下属同甘共苦的行动在困境之中比任何语言都重要。

- 信任是领导力的前提，没有信任根本就谈不上领导力。

- 越是在困难的时候，越应该强化团队的凝聚力，但是真正能够超越生死与利害的是组织的价值追求。

曾国藩如何走出极困极难时刻

吾平生长进，全在受挫受辱之时

长征的案例是组织层面的。这一节我想用曾国藩的案例，来继续探讨一个话题：就个人层面来说，管理者想要走出逆境，需要具备什么样的要素。

我们的话题先从曾国藩的一首诗说起：

> 左列钟铭右谤书，人间随处有乘除。
> 低头一拜屠羊说，万事浮云过太虚。

这首诗是曾国藩写给弟弟曾国荃的。曾国荃打下太平天国的首都天京（今南京）之后，满心以为清政府会给他大赏，没想到清政府反而忌惮他功高震主，追究他所谓的失误和责任。同时，各种各样的嘲讽、猜忌全部压了过来。重重压力之下，曾国荃不得不以生病为由辞职回家。这是曾国荃一生最低落的时期，曾国藩特地作了这首诗来开导曾国荃。

“左列钟铭右谤书。”你立下大功，做成大事，国君为了表示不忘你的功劳，特意铸了一口钟，并列上了你的名字，但是，诽谤你的文书同时已经堆满了国君的桌子。

“人间随处有乘除。”这就是人生，这就是世事。有人给你做乘法，就一会有人给你做除法。遇到顺境，也必须做好转入逆境的准备。

“低头一拜屠羊说，万事浮云过太虚。”屠羊说的故事出自《庄子·让王》。屠羊说是一个内心坦荡，对得失成败、功名利禄看得非常淡的人。你低头一看《庄子》屠羊说的故事就会明白，成败得失、兴衰荣辱、顺境逆境，其实都是浮云而已。

这是一种非常坦荡的胸怀。

我为什么从这首诗开始讲呢？因为这首诗里面有一种力量，这种力量来自曾国藩自己从极困极难之中走出来的经历，影响了曾国藩的弟弟曾国荃，更在150多年后还影响了一些优秀企业家。

曾国藩曾经讲过自己一生的经历：“余生平吃数大堑，而癸丑六月不与焉。第一次壬辰年发佾生，学台悬牌，责其文理之浅；第二庚戌年上日讲疏，内画一图甚陋，九卿中无人不冷笑而薄之；第三甲寅年岳州靖港败后，栖于高峰寺，为通省官绅所鄙夷；第四乙卯年九江败后，赧颜走入江西，又参抚、臬，丙辰被困南昌，官绅人人目笑存之。吃此四堑，无地自容。”

曾国藩说自己这辈子遇到几次大的困境，咸丰三年（1853）

六月与湖南官场势同水火，最后被赶出长沙，但那都还不算什么。

第一次是道光十二年（1832），当时曾国藩没考中秀才，学台（省级教育负责人）公开指责他的文章文理不通；第二次是道光三十年（1850），当时曾国藩是翰林，给皇帝讲课时画的一幅图特别丑，被九卿冷笑瞧不起；第三次是咸丰四年（1854），曾国藩第一次带兵，在岳州、靖港先后打了败仗，被迫在长沙城外的高峰寺暂时栖身，全省官员和士绅都用鄙夷的眼光看他；第四次是咸丰五年（1855），他在九江再次战败，最后厚着脸皮进了江西南昌，接下来他弹劾江西巡抚和按察使，结果第二年自己被困在南昌，官绅人人都兴高采烈地看他的笑话。

这就是曾国藩的"大堑"。其中第三大堑是靖港之败。

当年湘军刚练成，曾国藩也没有作战经验，不太会打仗。曾国藩跟手下制订了一个打湘潭的作战计划，前面五个营由其他将领率领已经先出发了，他准备带剩下的五个营作为后应。就在他刚要带后面这五个营出发时，有靖港的民团过来报告，说靖港的太平军防御非常薄弱，而且民团在太平军内部还有内应，所以建议曾国藩去打靖港。

曾国藩认为这是一个捡漏的好机会，就临时改变了打湘潭作战计划，率领剩下的五个营兴冲冲地去打靖港。没想到这是个圈套，前面的部队吃了败仗，就开始后退。前军一退，后面的部队见势不好，也掉头就跑。曾国藩眼看整个部队即将溃散，就在桥上立一杆旗，上书五个大字"过此旗者斩"。没想到士兵看到后，纷纷从旗旁绕了过去，部队很快散完了。

曾国藩本来最瞧不起一打仗就溃散的绿营兵，没想到自己辛辛苦苦练的湘军连绿营都不如。他跟长沙官场的关系本来就特别紧张，这样的失败，还不知道会遭到什么样的冷嘲热讽呢。所以他非常沮丧，越想越恼，在回去的船上趁人不备，一头扎到河里自杀。好在手下看出他神色不对，在后面偷偷地跟着他，一看不好赶紧跳下河去，七手八脚把他捞了上来。

回到长沙后，果然各种嘲讽都来了，有人甚至说湘军没用，干脆解散得了。曾国藩没脸进城，躲在城外的高峰寺，给皇帝写了遗折，给家里写了遗书，让弟弟准备好一口棺材，准备再自杀。

但就在这时，传来了湘潭大捷的消息，他派出去打湘潭的先头部队大胜而归。这样一来，曾国藩也就不用自杀了，总算过了这一关。

曾国藩自己讲的第四堑，是他在江西的经历。

曾国藩在江西前期极其困难，一是仗打得不好，二是官场关系也一塌糊涂，用他自己的话说，已经到了“通国不能相容”的地步。他在给皇帝的折子中讲过自己当时在江西的情况：“每闻春风之怒号，则寸心欲碎；见贼帆之上驶，则绕屋彷徨。”他完全焦头烂额、走投无路了。《湘军志》的作者王闿运说，多年后他读到曾国藩给皇帝写的这道折子，不禁还要为曾国藩当年在江西之苦而泪目。

其实上面这些挫折，还都不算什么。曾国藩最大的失败，是咸丰七年（1857）跟皇帝要官未成，反遭罢免。

曾国藩在江西南昌时处境极差，他认为原因是自己没有地盘、没有权力，所以给皇帝写了一道折子，意思是没坐到巡抚的位子就没办法带兵，即使能带兵也无法筹饷，自己现在“处客寄虚悬之位，又无圆通济变之才”，再这样下去恐怕要贻误大局了。言外之意是，你再不给我巡抚之位，我就不干了。

没想到曾国藩高估了自己在皇帝心中的分量，官没有要成，反而被皇帝剥夺了兵权，被迫回家守制一年多的时间。这一年多是他一生真正的至暗时刻。但曾国藩最终还是挺了过来，并且就是在这个过程中大悔大悟、脱胎换骨，迎来一生真正的辉煌。

今天我们看曾国藩的一生并不平顺，可谓屡战屡败，但他的过人之处在哪里呢？在屡败屡战。

梁启超对曾国藩有一段评价，说曾国藩并没有超群绝伦的才华，在同时期的杰出人物中是最笨的一个，一生一直处于逆境，但最后立德、立功、立言，达到了三不朽，其成就震古烁今、无人可比，原因就是：“其一生得力在立志自拔于流俗，而困而知，而勉而行，历百千艰阻而不挫屈，不求近效，铢积寸累，受之以虚，将之以勤，植之以刚，贞之以恒，帅之以诚，勇猛精进，坚苦卓绝。如斯而已，如斯而已！”

在梁启超看来，曾国藩的成就完全是在逆境中困知勉行，锤炼而成。曾国藩自己也讲过一句话：“吾生平长进，全在受挫受辱之时。”挫折屈辱，反而变成了曾国藩提升自我的最好机会。

我们在遇到逆境的时候，一般会有两种反应：一种是放弃、沮丧、抱怨、悲观，另一种是积极奋斗、不屈不挠、愈挫愈勇。逆境中最能体现出一个人的领导力水平。

我在上一节讲过一句话：逆境是企业和企业家的成人礼。其实人生亦如此。如何看待逆境至关重要。在逆境中做出的不同反应与选择，往往是不同人生的分水岭。湘军统帅胡林翼曾经讲过一句话，我非常喜欢："世自乱而我心自治，斯为正道。"越是在动荡和不确定的环境，就越要找到自己内心确定的东西，从而用从容和定力去应对逆境和不确定。

的确，我们不能改变大的外部环境，不能改变处于逆境的现实，但人是有能动性的，我们可以决定自己的心态与反应，决定应对逆境和困难时的选择。人与人之间的区别其实就在此处，组织和组织之间拉开距离也在此处。

曾国藩究竟是怎么走出极困极难时刻的？五个字：耐、裕、强、悔、志。这都是他从自身的经历中总结出来的。

耐

第一个字是"耐"，就是耐烦，耐得住烦躁，控制好情绪，调整好心态，也就是我们今天讲的情绪管理。

遇到逆境，遇到困难，人的本能反应是什么？就是焦虑、抑郁、情绪化。但是，所有人都可以焦虑，管理者不能焦虑；所有人都可以沮丧，管理者不能沮丧。相反，管理者必须把信心传递给组织的每个成员。保持情绪稳定，保持良好心态，是管理者做出正确决策的前提，是给团队提供信心的基础。

所以曾国藩讲，“居官以耐烦为第一要义”。耐得住烦躁，控制好情绪，是首要原则，是入门功夫，否则你根本就不是一个好的管理者。“若遇棘手之际，请从‘耐烦’二字痛下功夫。”尤其是事情不顺、内心焦躁的时候，一定要在“耐烦”两个字上痛下一番功夫。

曾国藩曾经说：“吾服官多年，亦常在‘耐劳忍气’四字上做工夫也。”意思是我做了这么多年的官，也要随时提醒自己要耐得住劳累，忍得住气恼。

在他看来，作为管理者，遇到不顺的时候，最忌讳的就是控制不好情绪，轻易发牢骚。他讲：“牢骚太甚者，其后必多抑塞……盖无故而怨天，则天必不许；无故而尤人，则人必不服。”一个人如果牢骚太多，他的前途肯定不会顺利。因为无缘无故地抱怨老天，老天一定不会允许；无缘无故地怪罪别人，别人一定不会心服。

这是很简单的道理，怨天尤人不但于事无补，反而使你的心态无法平和，你的决策也就不可能妥当，更重要的是，你经常传播负能量，你的组织也就不可能有信心。这是领导者在遇到困境时候的大忌，也是考验管理者是否成熟的最根本的一条标准。

曾国藩非常喜欢写对联，经常把自己对人生的体悟写成对联，跟朋友和家人分享。他写的对联往往很通俗，但很深刻、很耐人寻味。他有这样一副对联："天下断无易处之境遇，人间那有空闲的光阴。"

天底下哪有那么容易、顺利的境遇？一个组织之所以需要管理者，是因为有问题要解决。如果组织没有任何问题，还要管理者干什么呢？

管理者天然就要面对问题、解决问题，这是你的职责所在，也是你的价值所在。从你创业那天开始、从你晋升为管理者那天开始，这就应该是你的常态，是你必须接受的现实。逆境本来就是管理的组成部分，你能做的就是要用平和的心态来对待各种各样的不顺。

曾国藩还写过一副对联，是他被皇帝赶回家为父亲守制期间所作，现悬挂在他的旧居思云馆的门口："不怨不尤，但反身争个一壁静；勿忘勿助，看平地长得万丈高。"

这副对联同样耐人寻味。上联的"不怨不尤"讲的是，当人生或事业遇到挫折时，最忌讳的就是怨天尤人、灰心丧气。这样的情绪非但于事无补，反而会让你自乱阵脚，最后受伤害的一定是自己。

逆境是最好的压力测试器。正确做法是"反身争个一壁静"，即借机反省自己，找出自身的问题与不足，积极改进和提升。这样，就可以用平和的心态，在自身或组织的成长发展方面下功夫，从而把不顺和困难变成最好的成长机会，"增益其所不能"。

下联的"勿忘勿助"讲的是，千万不要因为一时的不顺就轻易放弃、沮丧、躺平（这是"勿忘"），也不要因为一时的焦躁就轻举妄动、急于求成（这是“勿助”）。

世上很少有一帆风顺、一直高开高走的人生，任何一个管理者、组织都会经历困境，哪一个创业者没有经历一般人不愿意承受的煎熬或屈辱呢？你因为不顺心就不耐烦，而不耐烦会让你更加不顺心，这样你只会越来越焦躁，最终必然一事无成。

“看平地长得万丈高”，是说只要保持镇定从容的心态，耐心地着眼于自身的成长，总有一天，原本不起眼的小树苗一定会长成参天大树。

这就是曾国藩的心态，就是今天讲的自控力。在他看来，这种在逆境中的自控力、耐烦，是决定一个人成就的关键因素。

所以他曾经讲过：“观古今来成大功、享全名者，非必才盖一世。大抵能下人，斯能上人；能忍人，斯能胜人。”他发现一个规律，古今获得巨大成功的人，未必是最聪明的人。大致说来，能在别人面前保持低姿态的人，才能领导众人；对人宽容大度、忍耐克制的人，才能胜人一筹。你看，对于管理者来说，才华固然很重要，控制情绪、调整心态的能力更加关键。

因此，在困境之中修炼心态和情绪，这对于领导者而言是一门必修课。这就是为什么曾国藩提醒管理者要以“耐烦”为第一要义。

裕

第二个字是“裕”，就是宽裕，放宽心。我们在逆境中为什么会焦虑抑郁？其实是因为把得失、成败看得太重。所以应对逆境非常重要的一条原则，就是要把得失成败放下，从而保持宽广的胸怀、坦荡的心境。

曾国藩曾经讲过一句话："宦海风波，极无常态。得时则一岁九迁，失势则一落千丈。"意思是官场上风波无常，运气来了可能一年连升九级，一旦失势则一落千丈。曾国藩自己就曾经一年升过四级，但也曾经一下子跌落人生低谷。这种急剧的动荡，对人的心态会造成极大影响，而曾国藩很清楚，官场无常才是官场的常态。

所以他跟朋友讲："宦海之风波，仕途之通塞，非意计所能预期，亦非人谋所可自主。"个人和组织的发展中很多因素不是自己能够提前预料的，也不是自己能左右的，曾国藩把这些因素归于运气，他说"运气之说，贤哲所不屑道，而鄙人则笃信不移"，所以他经常劝人放宽心，耐心等待命运的安排。

他认为，《周易》里的屯卦、否卦、蹇卦、困卦，都是教人"居之以裕，守之以贞"。这几个卦象都表示艰难困苦，而卦辞和爻辞中传递的基本含义就是让人放宽心、耐心等待。

《周易》影响了中国人的人生哲学，也深深影响了曾国藩。《周易》传达的一个思想是否极泰来、泰极否来。一个人不可能一直顺利，顺利到极致的时候往往就会遇到挫折；一个人也不可能永远处于低谷，大势早晚有一天会往上走，从而帮助我们走出逆境。所以处于逆境之中时，这个"裕"字就特别重要。

曾国藩对"裕"这个字非常看重。他说《周易》里的需卦二爻，处险之道曰“衍”。晋卦二爻，处险之道曰“裕”。他认为“衍”和“裕”都是“宽”的意思。

曾国藩的手下陈湜一度发展不顺、处境艰难，曾国藩在给陈湜的信中勉励他以“宽”字自养。他说，如果能够把心放宽，调整好自己的心态，放在宽阔泰然之处，身体就不会孱弱，志气也不会颓废，然后就可以从容不迫地找到走出困境之路。不管外部环境如何，应该做到“将此心放得宽，养得灵，有活泼泼之胸襟，有坦荡荡之意境”。这是曾国藩希望自己和手下在困境中具备的基本心态。

曾国藩还曾经引用过朱熹的一段话，“人之于患难，只有一个处置。尽人谋之后，却须泰然处之”。遇到挫折、遇到困境，我们当然要尽力而为，但自己尽了所有心力以后，结果如何就已经不再是自己所能掌控的，这时候就要学会泰然、释然，接受任何结果，不要心心念念全在结果得失之中。

所以他讲，自己对于所有事情都守八个字——“尽其在我，听其在天”。我该做的事情一定要尽心尽力、全力以赴，但是结果如何，就要听其自然。这就是逆境中明智的做法，反映的是坦荡的胸怀。

这当中的核心，就是放下得失成败。如前所言，我们会焦虑、抑郁，往往是因为将得失成败看得太重。所以曾国藩讲，“于毁誉祸福置之度外，此是根本第一层工夫”。就是把得失成败、面子、别人的评价全部放下。“此处有定力，到处皆坦途”，这方面有了定力，一下子就柳暗花明了。他的座右铭之一是“莫问收获，但问耕耘”。不要过于关注结果的成败得失，只要把该做的事情踏踏实实做好就够了。

“物来顺应，未来不迎。当时不杂，既过不恋。”曾国藩的这句名言相信很多读者都知道。事情到来了、发生了，那就顺势而为；没有发生的事情，不要牵挂忧虑；今天应该做的事情，要一心一意做好；已经过去的事情，不管结果如何，全部放下。这样的心态可以让你静下心来实实在在地去做好眼前的每一步。未来是一个个今天组成的，只要把一个个今天做好，自然就会有好的未来，自然就可以走出困境。

他还曾经写过一副对联：“战战兢兢，即生时不忘地狱；坦坦荡荡，虽逆境亦畅天怀。”越是顺利时，越要提醒自己小心谨慎，因为天堂和地狱只有一步之差；越是在逆境之中，越要坦坦荡荡，要舒畅自己的心情，有一种宽阔的胸怀。

一般人在顺利的时候容易张扬，在逆境中容易抑郁。曾国藩正好相反，他认为顺利的时候要提醒自己学会收敛，在逆境中反而要学会开怀。

天下没有过不去的坎儿，没有克服不了的困难，就算在人生最艰难的时刻，我们也依然可以找到生命的乐趣。其中的关键，就是你的心胸与心态。心大了，事就小了；心小了，事自然就大了。心宽天地宽，要始终保持心境坦荡。

所以曾国藩讲“盛世创业垂统之英雄，以襟怀豁达为第一义”。心胸开阔、襟怀坦荡，是英雄豪杰的共同特质，也是他们能够创业成功的基础。

强

第三个字是“强”，就是倔强、刚强、坚韧不拔，就是不服输的精神，也就是今天我们都在讲的一个词：韧性。

曾国藩非常看重“强”这个字。他说自古以来，有所成就的帝王将相没有一个人不是从自立自强做起来的。所以他给弟弟写信强调，不管做事还是写文章，“倔强”二字绝不能少，否则根本成不了事。他认为，他和弟弟的性格受母亲影响很大，好处就在于倔强。并且，他的祖父曾玉屏也一直教导曾家子孙“以‘懦弱无刚’四字为大耻”，要求他们“男儿自立，必须有倔强之气”，就是要有一种不服输的精神。

曾国藩曾经回顾自己一生的经历说，他办的湘军水师，一败于靖港，再败于湖口，这些都是耻辱性的失败，但是他都咬紧牙关把局面维持了下来，而后终于迎来重振之机。安庆没有合围时，祁门大营十分危急，黄德的局势也很危险。大家都建议他撤安庆之围，以支援祁门和黄德，但他咬紧牙关不撤，终于打下安庆。

他还回忆道，打南京也是这样。南京是方圆百里的大城，易守难攻，他却用曾国荃的一支部队把南京围起来。大家都说恐怕要重蹈之前那些清军的覆辙了，但他咬牙坚持，最后竟然立了大功。所以他总结说，由此可见，一个人如果刚受挫折，或听到别人不切实际的议论，就心情沮丧、改变计划，那是很难成事的。

真正的胜利往往是熬出来的，这对于组织，尤其对于决策者来说，是极大的考验。“强”就是强大的意志力，是一种坚持。如果曾国藩没有倔强之气，没有在困境中依然坚持到底的意志力，很难熬过那么长时间反复拉锯的战争。

曾国藩的幕僚李申夫曾经说曾国藩有个特点，就是跟别人怄气从来不说出来，一直忍耐，然后一步步寻找自强之道，还引用了“好汉打脱牙和血吞”这句话。曾国藩说，这就是他咬牙立志的诀窍，没想到被李申夫看破了。他说自己当年被京城权贵、长沙官场、江西官场唾骂，还经历过岳州之败、靖港之败、湖口之败，“盖打脱牙之时多矣，无一次不和血吞之”。

他在给弟弟曾国荃的一封信中说：你来信经常怪运气不好，这不像好汉之言。他要求弟弟“惟有一字不说，咬定牙根，徐图自强”。

他还说过一句名言：“凡事皆有极困极难之时，打得通的，便是好汉。”做事总是会遇到极其困难的时候，你挺直了、打通了，就会脱胎换骨，成为真正的好汉。“困心横虑，正是磨炼英雄，玉汝于成。”经历艰难困苦，正是上天要将你磨炼成英雄的好机会。

真正的英雄从哪里来？一步一步磨炼出来。所以他相信，天下事只在于人如何去做，到山穷水尽时自然会有路走。一个人如果经历千磨百折，依然坚持定力，最终一定成功。

这就是曾国藩的性格，一生如此。他有一个人生信条——“成败听之于天，毁誉听之于人”。成败、毁誉，都不是自己所能左右的，自己能做的就是有定力、肯坚持。

他曾经跟别人开玩笑说，他准备写一本书，教世人如何做人，书名就叫《挺经》。“挺”的含义有很多，核心含义就是要挺直了，不能趴下。

他还跟别人开玩笑，有朋友说他死了以后，皇帝应该给他一个谥号叫“文韧公”。“韧”，就是韧性，就是坚忍不拔。这是他对自己性格里最得意的地方。

丘吉尔人生最后一次演讲是在剑桥大学的毕业典礼上，当时他已经老得几乎说不出话，十多分钟的演讲其实就是在反复讲一句话：“Never give up！”翻译成中文，就是“永不放弃”。这位老人用自己一生的经历告诉这些即将走向社会的大学生，人生的成功秘诀非常简单，就是永不放弃。这也就是曾国藩讲的倔强之气。

所以什么是“强”？就是看明白以后的一种坚持、一种定力、一种坚忍不拔的意志。这是曾国藩能够走出逆境很重要的原因。

悔

“悔”就是要反思、改过，也就是要看清自己的错误和缺点，把逆境变成一个自我成长和组织提升的机会。

当年曾国荃给曾国藩写信，希望哥哥能指点人生。曾国藩回信说，扪心自问这几年为什么做得还行，靠的就是一个“悔”字，也就是自我反思、反省。然后他讲，他曾经自认为很了不起、无所不能，看到的都是别人的问题。但是丁巳年至戊午年被皇帝赶回家那一年多，他大悔大悟、脱胎换骨，才明白自己没有多大本事，后来遇到问题看到的都是他人正确的方面。之后，他的心态和四十岁以前完全不同。

如果熟悉曾国藩的人生经历，就会知道他所说的丁巳年到戊午年大悔大悟，是他一生最大的转折点。他是怎么从至暗时刻走出来的？除了“强”，就是“悔”。“强”是挺住，“悔”是成长，就是让逆境变成反思和成长的好机会。

我们今天经常讲一句话：“不要浪费一场好危机。”“悔”的含义就是，千万不要辜负了你的逆境。

上一节说过，组织也好，个人也好，其实平时都会有惰性、有惯性。挑战、压力、逆境会逼着我们脱胎换骨，因为在逆境当中才能更清楚地看出自己的优势和劣势。所以，一定要把逆境和困难看作人和组织反省自我、提升自我的最好机会。

曾国藩给弟弟曾国荃写信说：“朱子尝言：‘悔’字如春，万物蕴蓄初发。”朱熹说过，在逆境之中要保持生机，而生机就来自“悔”这个字。所以曾国藩勉励弟弟说：“当此艰危之际，若能以‘硬’字法冬藏之德，以‘悔’字启春生之机，庶几可挽回一二乎？”遇到逆境，要以“硬”字学会收敛，同时以“悔”字开启未来的生机。

“硬”其实就是前文说的“强”，所以曾国藩特别看重把“强”和“悔”一起做到。曾国荃有一段时间特别不顺：鲍超和刘铭传争功劳，导致湘军和淮军产生了矛盾，曾国荃和李鸿章之间也因此出现了冲突，所以曾国荃当时的压力特别大。曾国藩给曾国荃回信说，你现在遇到各种不顺，但是“事已如此，亦只有逆来顺受之法，仍不外‘悔’字诀、‘硬’字诀而已”。

这里的“逆来顺受”不是我们通常理解的意思，而是指要坦然接受已经处于逆境的现实。坦然接受是第一步，接下来要靠“悔”字诀反省自己，靠“硬”字诀坚持住，不要轻易认输。在曾国藩看来，这就是一个人突破自我、实现成长的关键。

他曾说：“圣贤之所以为圣，佛家之所以成佛，所争皆在大难磨折之日。”大难的折磨，是自我磨炼、提升修养、拉开与他人距离的最好机会。

志

耐、裕、强、悔，四个字都很重要，但还不足以解释曾国藩为什么能够走出极困极难时刻。

晚清朱孔彰写的《中兴将帅别传》中对曾国藩的评价是“履危濒死屡矣，有百折不挠之志”。就是说他一生遇到各种各样的危险，甚至一次次濒临死地，但是他的志向和目标从来没有动摇过。

民国学者龙梦荪评价曾国藩：“虽极人世艰苦之境，而曾不少易其心；虽遇千挫百折之阻，亦不足以夺其志。”曾国藩这一生遍尝人间最艰苦的逆境，但是他的心从未动摇过；虽然遇到了千难百险各种阻挠，但他从来没有改变人生志向。

两个人不约而同，都提到了一个“志”字。曾国藩和湘军将帅们特别看重这个“志”，相信“志之所向，金石为开”。只要志向足够坚定，再坚固的金石都可以打开。胡林翼也讲：“兵可挫而气不可挫，气可偶挫而志则终不可挫。”

做企业和打仗是一个道理，暂时的失败很正常。企业总是会遇到逆境，但是士气不能受挫；即便士气偶尔受挫，志向也绝对不能动摇。

纵观曾国藩的一生，“志”是让曾国藩走出极困极难时刻最核心的东西。

所谓的“志”，就是清晰的人生与组织目标，以及对信念和志向的执着与坚持。

前面也说过，什么叫信念？相信正面的理念一定实现，相信困难和挫折都是暂时的。

曾国藩为什么历经困难不放弃？因为在他看来，他的志向、事业早晚会成功，他对此深信不疑。遇到困难时，信念可以充分激发出人在精神层面的力量，使人在挫折之中依然坚持自己的目标，在绝望之中依然相信自己的相信，而且能够把信心传递给组织的每个成员。

事实上，你的信念越坚定，你就越不畏惧更大的逆境，你承受挫折的能力就越强。曾国藩具有强大的心性和意志，背后是他坚定的信念。这是帮助曾国藩走出极困极难时刻最关键的因素。

尼克松在《领导人》这本书里曾经讲过："一个人要能够经受住领导人必须经受的艰难痛苦，他就非得相信自己的事业不可。他必须相信自己，否则就不能说服别人相信他。"我想，这是对所有处于逆境中的领导者最好的提醒。

曾国藩如何走出了极困极难时刻？

"耐"：耐烦，耐得住烦躁，控制好情绪，调整好心态。

"裕"：宽裕，坦荡的胸怀，学会放下得失成败。

"强"：倔强，不服输的精神，打脱牙和血吞。

"悔"：反思、反省，把挫折当成个人与组织提升成长的最好机会。

最核心的，是"志"，也就是清晰而坚定的目标与信念。

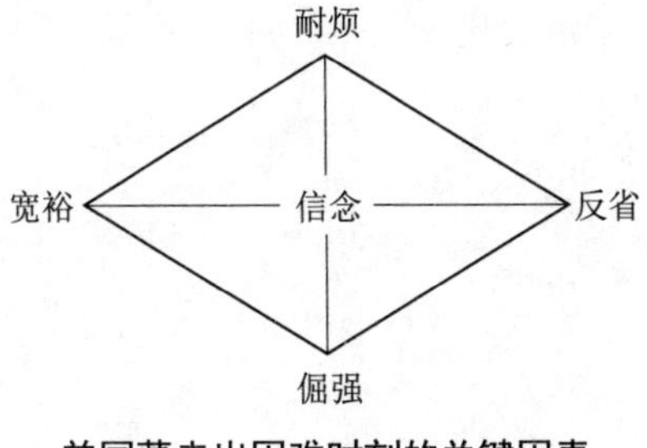

曾国藩走出困难时刻的关键因素

耐烦、宽裕、倔强、反省、信念，这五条原则构成了个人应对逆境的完整领导力模型。

这五条中，信念是其他四条的力量来源，如果没有信念，其他四条原则只能局限在“术”的层面，不可能真正让你走出极困极难的至暗时刻。而好的领导者，即使在最黑暗的时刻，也会眼中有光。

这是曾国藩的一生能给今天的我们的最大启发。

主要观点

- 越是在动荡和不确定的环境，就越要找到自己内心确定的东西，从而用从容和定力去应对逆境和不确定。

- 所有人都可以焦虑，管理者不能焦虑；所有人都可以沮丧，管理者不能沮丧。相反，管理者必须把信心传递给组织的每个成员。

- 管理者天然就要面对问题、解决问题，这是你的职责所在，也是你的价值所在。

- 在困境之中修炼心态和情绪，这对于领导者而言是一门必修课。

- 我们在逆境中为什么会焦虑抑郁？其实是因为把得失、成败看得太重。

- 真正的胜利往往是熬出来的，这对于组织，尤其是对于决策者的意志来说，是极大的考验。

- 企业总是会遇到逆境，但是士气不能受挫；即使士气偶尔受挫，志向也绝对不能动摇。

北斗模式：逆境管理能力的七大要素

在前面两节中，我们以长征为案例分析了逆境领导力的基本原则，也讲了曾国藩个人如何走出极困极难时刻。这一节我想跳出具体的案例，从战争经验与军事理论的角度，来梳理逆境中有效管理的基本要素。

逆境中的有效管理，应该具备七大要素：坚定的意志力、敏锐的洞察力、果断的决策力、良好的沟通力、坚决的执行力、敏捷的响应力、强大的复原力。

七者之中，坚定的意志力为有效管理的枢纽，敏锐的洞察力与果断的决策力为有效管理的基础，良好的沟通力为连接领导决策与团队执行的关键环节，坚决的执行力、敏捷的响应力、强大的复原力是逆境中优秀组织应该具备的基本能力。七者共同构成了逆境中有效管理的基本能力模型。为了方便理解与记忆，我们可以称之为逆境管理的“北斗模式”。

坚定的意志力

逆境管理能力的第一个要素是意志力。

意志力的第一个作用，是传递出强大的信心，从而稳住人心、稳定局面。

在充满混乱和负面信息的环境中，所有的人都在依赖自己的领导者。在极大的心理压力下，人性的弱点会淋漓尽致地表现出来，组织的成员往往会陷入极大的恐慌与沮丧之中。这也是最需要领导力的时候。

没有人会追随软弱无能的领导。领导者在面对逆境与挫折时所表现出来的恐慌、沮丧与犹豫，将会在组织中引发更大的连锁反应，那些动辄慌乱的上司一定会遭到下属的强烈质疑。

在逆境中，所有人都可以恐慌，领导者不能恐慌。所有人都可以沮丧，领导者不能沮丧。这一切的前提，是领导者自身必须具备强大的意志力。

苏军元帅朱可夫曾说："当其他条件相同的时候，赢得大规模会战乃至整个战争的是这样的军队：他们往往具有不屈不挠的夺取胜利的意志，了解作战的目的，意志坚定，忠于指引他们战斗的旗帜。"

逆境中领导者的意志力，很大程度上来自自身坚定的信念。好的领导，即使在最绝望的时候，也要相信自己的相信，相信相信的力量，坚定的信念是强大意志力的前提。

在事态发展不利、充满负面信息、人心惶惶的情况下依然要表现出信心与镇定，对任何人都是巨大的挑战，但对于想要率领他人走出逆境的领导者来说，这一点至关重要，因为这是逆境中领导者气质的关键组成部分。

从战争史上可以看出，战场指挥官的坚定和沉着，本身就具有强大的感染力。它可以迅速渗透到整个组织之中，尤其是在极端的环境下。这样的领导力可以帮助克服下属的怀疑、犹豫，减少下属的焦虑，进而成为稳定局面的精神力量。

真正的高手，可以在任何复杂的环境中都保持不为所动的冷静与镇定，因而在极其混乱甚至极其不利的环境中，能保持沉着镇定的心理，从而传递出强大的自信，展现出对未来的强烈信念，进而赢得下属的信任与忠诚，带领团队采取有效的行动。

意志力的第二个作用，是让领导者做出冷静的决策。

情绪对决策有着极大的影响。陷入恐惧与慌乱情绪之中的领导者是无法做出正确决策的，强大的意志力才能让人在面对巨大的压力时依然可以镇定自若、处变不惊、头脑冷静、从容不迫、不慌不忙，进行清晰而合理的计算与决策，从而做到谋定后动。

王阳明说："凡人智能，相去不甚远。胜负之决，不待卜诸临阵，只在此心动与不动之间。"人的智能差距并不太大，决定胜负的要素，是你内心镇定自若，还是陷入慌张。湘军名将罗泽南也说："乱极时站得定，才是有用之学。"只有那些能在混乱和危险的环境中依然从容不迫、沉着镇定的领导者，才能制定出正确的决策。

战场上的指挥官从一开始就明白，危险与恐惧永远是他们工作中的一部分。不能允许恐惧和压力带来的慌乱影响你的认知与决策，逆境中的领导者必须是坚强的领导者，必须保持情绪与心理的平衡，从而在面临巨大压力的情况下做出最佳的决策。

逆境中意志力的第三个作用，是帮助领导者应对逆境突围过程中的各种内外挑战。

你制订了突围计划，提出了行动方案，但一旦行动开始，就会出现各种内外压力、挑战。你会遇到各种各样的挫折，收到各种各样的建议，遭到各种各样的批评。批评者和你的竞争对手经常会趁机落井下石，内部的不安定因素会趁机浮上水面，甚至出现背叛、发生内讧。

内外的压力与挫败会让你感到动摇、沮丧。这很正常。领导者所遇到的挑战注定要超出常人，更不用说在逆境之中。所有的决策压力，最终都需要领导者来承担，领导者就更需要具备强大的意志力和定力。你要知道哪些事情是正确的，是必须要做的，然后一定要以强大的意志力保证组织专注于正确的行动，不沮丧、不动摇，这样才能带领组织最终走出困境。

敏锐的洞察力

具备坚强的意志力只是逆境管理的一个起点。接下来领导者要做的，是一定要有清晰的态势感知。尤其是在逆境之中，在组织陷入迷茫和危急的时刻，决策者对于新方向的意识就显得十分关键。这就需要敏锐的洞察力。

身处逆境的时候，决策者首先要做的，是准确地理解自己所处逆境的本质。包括：究竟发生了什么？发生这些事情的根本原因是什么？发生的事情对自己、对行业、对利益相关方造成了什么样的冲击、损害与深远影响？随着时间的推移，形势还会如何进一步演变？

在动荡而不确定的时代，新的情况一定会不断地出现。所以决策者不仅要了解问题发生的根源，了解自己目前所处的状态，还要不断更新自己对环境的认知。

这当中最关键的，就是搞清事情的真相，从而建立对所处环境的正确理解。在充斥着各种可能性和挑战的混乱局面中，你要应对的挑战与机会分别是什么？你有什么样的资源？你有哪些弱点？未来可能的突围方向有哪些？

在这方面，已经有很多工具可以供你使用。2000 多年前孙子提出的"知彼知己、知天知地"，帮助你从天、地、彼、己几个维度进行分析。现代管理学提出的 SWOT 分析工具，从优势、劣势、机会、威胁的角度帮助你理清所处的局面。

在情况复杂、信息混乱而人心慌张的环境中，进行这样的分析并不容易。错误而矛盾的信息足以让人迷惑，慌乱的心态让人无法静心思考，复杂的局势让人很难理清头绪，形势的紧迫要求必须马上做出决策。这是最能考验领导者是否具备敏锐洞察力的时刻。用克劳塞维茨的话来说，领导者必须具备在茫茫的黑暗中仍能发出内心的微光以照亮真理的眼力。

平庸之人面对错综复杂的局面，往往在全力确认、精疲力竭之后还是犹豫不定，感觉一团乱麻。而真正的高手却往往有一双穿透迷雾的慧眼，可以将敏锐的观察力和迅速可靠的直觉完美地结合在一起，从而根据很少的信息，在很短的时间内，迅速地辨明真相，从主要矛盾和矛盾的主要方面入手，把握住那些关键的破局点，从而一下子就可以打开看似复杂的局面。

用电影《教父》中那句著名的话来说是："花半秒钟就看透事物本质的人，和花一辈子都看不清本质的人，注定有截然不同的命运。"

处于逆境中的决策者，除了洞察外在的环境、突围的方向，更关键的是要了解组织成员，尤其是对逆境中的人性要有清醒的把握。

他们内心的渴望是什么？他们致命的弱点是什么？他们有哪些长处，有哪些短板？他们能做到什么，做不到什么？什么情况下什么人可能会出现动摇，甚至背叛？谁是真正可靠的骨干，可以倚重，谁在不断动摇军心？

逆境是最能考验人性的。逆境中的成功领导者，必须是洞悉人性、人心的大师。

果断的决策力

当我们稳定了人心、洞悉了环境之后，接下来就要开始做如何走出困境的决策了。这就需要逆境管理能力的第三个要素：

决策力。

冯仑曾经讲，领导者要做的就是三件事：指道、搞定、买单。指道就是决策力，在逆境的迷茫与混乱之中，所有的下属都期待着领导者的给组织指出一条明道，这是对领导者决策能力的极大考验。

逆境中的决策，应该把握方针、方向、方案三个要素。一是大的方针，是战还是守，是打还是走；二是大的方向，往哪个方向行动；三是方案，具体的行动方案是什么。在此基础上，还要加上一条，就是为了实施这样的行动，我们应该建立什么样的指挥体制，核心是关键时刻谁说了算。

逆境中，决策的第一条基本原则，是“多谋善断”。决策一定要建立在尽量准确的信息基础之上，一定要深思熟虑，一定要考虑到多种可能。对于会不会出现意外，出现意外怎么办，全都心中有数。

但在充满不确定性的领域中，所有的决策都必须在信息不完整的情况下做出。尤其是在逆境之中，突围的机会稍纵即逝。你不可能全部清楚了才行动。逆境突围的任何决策都具有冒险的性质，从来就不存在绝对完美的方案。犹豫和徘徊会成为突围道路上最大的绊脚石。在混乱的逆境中，完全看清了再做只能是一种理想的状态。

所以吴子说：“用兵之害，犹豫最大。三军之灾，生于狐疑。”逆境突围，领导者临危受命，关键时刻却犹犹豫豫、婆婆妈妈、瞻前顾后、畏首畏尾，最终只能使组织错失良机、陷入被动。

正如美军的一句格言所说："一个虽不完善但及时的决策，也远比一个完美但过时的决策好得多。"处事有疑非智，临难不决非勇。在逆境突围的过程中，大的战略方向往往不是等出来的，而是根据大局判断，有了一个大致的方向之后，果断地打出来的。

当机立断，是逆境领导力的关键特征。准确地判断形势并果断地承担风险，是成功的决策者必备的素质。用胡林翼的话说："兵事怕不得许多，算到五六分，便须放胆放手，本无万全之策也。"只有具备强大的决断力，才能把你的决策和果断的行动结合起来，从而在混乱中抓住机会，带领组织突出重围。

逆境中，决策的第二条原则，是"谋贵众，断贵独"。

谋贵众，就是在谋划和讨论的环节一定要集思广益、畅所欲言。除了犹豫不决，逆境突围最忌讳的就是决策者闭目塞听，听不得别人的建议和意见。决策者在谋划的时候一定要保持开放的心态，要用头脑风暴的方式让每个人把他们对于事情的思考都充分地表达出来，从而确保从不同的角度、不同的方面思考问题，并将合理的建议纳入自己的决策之中。

断贵独，是指在最终决断的环节，决策者必须自己承担做出决策的所有责任与压力。并非所有的意见都是可行的，决策者必须自己拿主意。逆境中好的决策者必须在关键时刻敢拍板、敢出手、敢下决心，甚至敢于冒风险。

更重要的是，逆境中的决策者还必须呈现出为决策结果负责的道义与勇气。

1947年林彪三战四平，最终功亏一篑。在战后总部召开的干部会议上，林彪本来可以把仗没有打好的责任归于一线指挥员指挥不当，但是他却把责任全部揽在了自己身上。他先后三次站起来说："这次这个城市没有打下来，不要你们负责。主要是我情况了解得不够，决心下得太快。""另外，这次攻城还暴露了我们攻坚的战术差，这也主要是我平时研究得不够。"[①]

1944年6月，诺曼底登陆之前，担任欧洲盟军最高统帅的艾森豪威尔将军已经手写了一张便条，准备一旦诺曼底登陆失败就将之公开发表出来："我们的登陆行动已经失败……我已下令撤出部队。我根据可能获得的最好的情报决定在此时此地发起进攻。陆、海、空军部队都表现得十分英勇和尽责。如果本次作战行动存在任何错误或过失，由我一个人负全责。"

逆境中好的决策者的一个重要特质，就是勇于担当、推功揽过。用艾森豪威尔的话来说，就是"领导的艺术无他，就是事情出差错时，自己担责任，事情成功了，功劳归别人"。逆境之中，这一条尤其重要。

良好的沟通力

领导者做出了决策，制订了行动方案，还必须让下属充分理解并接受这一决策，并因此坚决地执行领导者提供的行动方案。

① 周赤萍，《东北解放战争时期的林彪同志》，《中国青年》1960年第8期。

爱德华·C.迈耶将军曾说："我们有太多的时候将理解的负担压给了别人——想当然地以为我们之间存在着共同的语言和动机。"没有对决策的理解，就根本谈不上下属的高效执行。所以在果断的决策力之外，逆境中的领导者一定还要有良好的沟通力。

逆境中每个人都会有疑问，每个人都会有不确定的感觉。因此，沟通的内容要尽量详尽，要讲清楚到底发生了什么，我们面临哪些机会和威胁，我们有哪些优势和劣势，我们的方案是什么，我们的任务是什么，我们的目的是什么，我们为什么必须这样做，我们必须立即采取哪些初步的行动。还有更为关键的是：为什么我们一定能够走出逆境。

好的沟通会达成这样的效果：不是因为决策者命令下属必须做什么，而是下属清楚地明白原因，清楚地明白目标，因此形成强大的自我激励，主动去做。一句话，好的沟通能让上下共欲，所有人同仇敌忾。

逆境中，下属对情况的了解可能会比决策者想象的更多。比起说明真相，有所隐瞒会引起下属更多的恐慌，造成下属对领导更大的不信任。

在逆境中，好的沟通会建立信任，不好的沟通则会毁掉团队。所以逆境中沟通的一条重要原则就是结构化的坦诚。季羡林讲过一句话："假话全不说，真话不全说。"我将季老这句话稍微改了一下："假话全不说，真话要会说。"这样大致可以帮助我们理解什么是结构化的坦诚。

所谓的坦诚，就是沟通时一定要公开、透明。不仅陈述有利的一面，包括我们的优势所在、我们的机会所在、我们为什么一定会走出逆境；同时也要如实陈述不利的一面，包括我们存在哪些问题、我们遇到哪些困难、我们面临哪些风险等等。

因为你的坦诚，下属会看到事情的两面，有好的部分，也有不好的部分。但关键是他们知道你对他们是诚实的，他们认为自己是知情的，你没有试图隐瞒什么，他们因此就会信任你。而逆境中最宝贵的就是下属对你的信任。如果下属不信任你，他们也不会相信你会带领他们走出困境。

所以，假话全不说。一定不要说假话，不要弄虚作假。一旦说了一句假话，你的沟通就不再被人信任了。不说假话是底线。

其次是真话要会说。我们都明白，同样的信息，放到不同的结构中，其含义是非常不一样的。我们都知道曾国藩统率湘军作战的经历：是屡战屡败，还是屡败屡战？屡战屡败是事实，屡败屡战是精神。

一个让人丧气，一个令人振奋。本来是一回事，就是换了一下表述顺序，传递出来的信息就完全不一样了。逆境中的沟通，就是要像后者，在坦诚的同时，更要发出强有力的声音，从而使团队信心激昂。

讲出真相很重要，正确地讲出真相更关键。在讲出真相的同时，一定要基于真相，从更长远的角度来传递组织的愿景，从全局来分析走出逆境的有利因素。要把每一次沟通都变成灌输信心、激发士气和斗志的好机会，让组织成员在清楚明白形势的严峻性与挑战的同时，依然坚信发挥自身强大的主观能动性可以克服任何困难，从而让信心与希望成为组织不竭的动力来源，推动组织在逆境中不屈不挠地前行。

因此，所谓的结构化，是指坦诚的沟通并不意味着草率地释放出消息。信息的传递一定要经过组织，要注意轻重缓急、先后次序，尤其要考虑清楚：你的沟通对象是谁？你要达成的效果是什么？你要传递的信息会产生什么样的影响？为此你应该采取什么样的沟通策略？这些一定要经过深思熟虑。这样才能做到既坦诚，又结构化。

坚决的执行力

逆境突围的特点是时间紧、任务重，因此方案确定并完成沟通之后，就必须果断、迅速地将方案付诸实施，所以接下来，组织必须具有坚决的执行力。

人性是复杂的，在动荡的逆境中，每个人都会有自己的想法和诉求，要想形成一致的认知、协同的行动并不容易，更不用说同生死、共患难地坚决执行了。在这种情况下，除了资源的合理配置、强调团队协作等因素，有效的激励就变得至关重要。有效的激励是激发出组织成员坚决执行力的关键。

正是在这个问题上，战争可以给我们提供最好的答案。战争是要死人的，为什么军人会在明明知道自己很可能失去生命的情况下，还坚决地去执行？

从战争的经验来看，逆境中的有效激励依次来自四个层面：求生的本能、清晰的纪律、团队的荣誉、组织的理念。

第一个层面是求生的本能。

吴子曾经讲过："凡兵战之场，立尸之地。必死则生，幸生则死。"战场就是这样，抱着必死的决心去英勇作战，便能迸发出强大的力量，战胜敌人，从而取得生的希望。个个都有侥幸偷生的念头，反而会丧失战斗意志，从而被敌人打败。

逆境会让人陷入绝望，但绝望的处境恰恰可以激发出人求生的本能和意志，为了个人与组织生存而拼死一搏，从而死里求生。所以就有了破釜沉舟的典故，有了"置之死地而后生"的古训。用吴子的话来说："夫一人必死，足敌十夫；十夫必死，足敌百夫；百夫必死，足敌千夫；千夫必死，足敌万夫；万夫必死，天下莫当。"

在逆境中，高明的领导者往往可以利用绝境，激发出组织成员强大的战斗力。

第二个层面是清晰的纪律。

逆境最能反映出人性最好或最坏的一面，也最能反映出一个组织最好和最坏的一面。在逆境中，没有人愿意自己团队成员的行为一片混乱，而领导者却手足无措。所以逆境组织管理中非常重要的一条，就是必须迅速明确并强化组织纪律。

残酷战争环境中的军队是最强调组织纪律的。没有纪律，军队就是乌合之众，根本形不成战争的力量。中国古代兵书《司马法》曾说："凡战：三军之戒，无过三日；一卒之警，无过分日；一人之禁，无过瞬息。”在战争的场景中，对于全军下达的号令，三天之内必须看到结果；对于百人部队下达的号令，半天之内就要看到结果；对于一个人下达的号令，马上就要看到结果。号令严明，令出必行。明代兵学家赵本学引用《荀子·议兵》注解《孙子兵法》中的“法令孰行”时说：“将死鼓，御死辔，百吏死职，士大夫死行列。此法令行也。”将军就要死在自己的指挥位置上，御手就要死在自己的驾驶位置上，各级军官就要死在作战的行列中，这才叫作执行。

制定组织纪律本身不是目的，制定纪律的目的是传递出组织在逆境中的核心价值观究竟是什么。逆境中领导者遇到的最大挑战往往是来自价值观的挑战。清晰的纪律就是要告诉组织成员，我们崇尚什么样的行为，反对什么样的行为。领导者严格地执行组织纪律，就是要告诉组织的成员哪些价值观是绝对不容妥协的。

在混乱的情况下，身为领导者，你必须用清晰而严明的纪律来引导和奖励正确的行为，抵制和惩罚错误的行为，从而清晰地展现组织的行为规范。这也是逆境中人们渴望你做的事情。不敢或无法执行纪律，只能导致组织中那些最优秀的成员对你大失所望。

对于逆境中的组织来说，组织纪律以及所呈现的价值观会在紧急关头发挥重大的作用。组织纪律会让组织的成员在最严峻的考验中依然采取正确的行动，即使他们并不喜欢这样做。有着强大组织纪律性的组织，无论面临什么样的压力与挑战，出现什么样的动荡与混乱，组织成员依然会坚决地执行命令并且达成结果，从而更好地应对那些平庸组织无法应对的挑战。

第三个层面是团队的荣誉。

纪律的规范还是他律的、被动的。在逆境中，更可靠的执行是吴子所说的“发号布令而人乐闻，兴师动众而人乐战，交兵接刃而人乐死”，达到乐闻、乐战、乐死的地步，这就需要激发组织成员的团队荣誉感。

人性的特点，固然是“欲生而恶死”，追求生存而憎恶死亡，但人性还有一个特点，就是“欲荣而恶辱”，追求荣誉而憎恶耻辱。所以好的领导者，一定非常重视用荣誉来激励团队，进而驱动团队成员为了荣誉而超越生死。

好的军队一定是有着强烈荣誉感的军队，好的军人一定是视团队荣誉高于个体生命的军人。用吴子的话说：好的军队可以做到“师出之日，有死而荣，无生而辱”，战死是最光荣的，偷生是最耻辱的。“死生荣辱之道一，则三军之士可使一心矣”，全军将士对死生荣辱的看法一致，那么他们就可以同心协力了。

第四个层面，也是最高的层面，即组织的理念。除了本能、纪律、荣誉，更重要的是组织成员对组织使命与愿景的高度认同。用孙子的话说，就是“道者，令民与上同意也，故可以与之死，可以与之生，而不畏危”。道，就是让上级和下级之间有共同的意愿和追求，所以他们可以同生死、共患难，而不畏惧任何危险。

道，就是组织的使命、愿景、价值观。在战场上，真正让人超越生死利害的，一定是军人强烈的信念与信仰。“见义而行，不待命也。”理念驱动的执行力才是最强大的执行力。

逆境中领导者的一个主要任务，就是为组织的每一个成员找到这样一个可以全身心投入的理由，找到组织成员强大的自驱力。有了这样的理由，有了这样的自驱力，组织的成员就会不计一切地付出，执行才能真正变成自觉自发的执行。这也是让组织历经挫折、苦难、逆境而不屈不挠的根本原因。

在真实的逆境突围中，即使是最卓越的组织，求生的本能、清晰的纪律、团队的荣誉、组织的理念这四个层面的激励，往往也要同时发挥作用，缺一不可。

敏捷的响应力

在动荡而不确定的时代，逆境中的组织，除了强大的执行力，还需要敏捷的响应力。

所谓的响应力，指的是组织迅速、敏捷地预见与应对变化中的机会与威胁的能力。对于逆境中的组织来说，信念越坚定越好，但行动越灵活、越敏捷越好。

敏捷的响应力包括两个方面：捕捉机会、避开威胁。在逆境之中，有时候生与死就在一线之间。有时候哪怕些微的机会也可能让你突围成功，哪怕些微的威胁也足以让你全军覆没。

所以，一定要对环境的变动保持极高的警觉和弹性，要对形势的变化保持敏锐的洞察力以及迅速响应的能力。

时机稍纵即逝，意外随时发生。要在混乱中寻求生存的机会，要在动态中创造发展的机会，你的行动就必须是迅速的、灵动的、快速响应的，这样你才能机敏地捕捉有利的机会，敏捷地避开致命的威胁。

在上一章我曾经讲过："战略决策必须保持弹性、保持柔性、保持灵动性，更主要的是，要对未知的机会与方向保持开放性。在执行的过程中，则要始终保持对形势变化的洞察力，保持心智的流动性，保持快速的响应能力，从而保证行动与策略的弹性。

"决策者所能做的，不单纯是依靠此前制订的计划，更要依靠对稍纵即逝的机会的敏锐嗅觉，以及对机会的迅速响应。在混乱中寻找机会，在动态中把握机会，在不确定性中创造机会。一旦机会出现，就要果断地在选定的方向上投入强大的资源，从而长驱直入，一举打开局面。"

这就需要决策者必须具备两个特质：一是思维敏捷，二是大胆创新。

思维敏捷指的是头脑灵活，是具备预见或适应不确定性或不断变化局面的能力和随机应变的能力，从而将问题解决在还没有出现之前。

逆境中的组织必须做好准备，随时迎接意外。组织肯定会遇到一些无法预料的情况，你必须认识到这就是常态。所以在逆境中，思维敏捷的领导者不会一根筋，不会一条路走到黑，而是对多种可能性保持开放的心态。

他们会打开每一个毛孔，保持心智的流动，随时关注环境的变化，敏锐地从中识别出机会，一旦机会出现，迅速把握机会，快速决策，快速行动。

大胆创新指的是打破惯例，积极寻求新的解决方案。

在逆境中捕捉机会的能力很重要，但创造机会的能力更关键。当不存在机会的时候，领导者一定要运用智慧创造出机会。这就要求领导者有积极创新的意识。

在逆境之中，传统的解决方案不一定能够解决组织所遇到的问题，机械地执行上级的命令也绝对不是好的执行。最优秀的决策者在面对困境时一定是富有创新精神的。他们会快速地寻找创新性的解决方案以创造性地克服困难。

这就需要决策者具备敢于打破常规的勇气与魄力，需要组织有鼓励大胆创新、敢于试错的文化，在不断的试错与学习中去寻找和创造突围的机会。

强大的复原力

复原力，指的是组织在逆境中强大的韧性与反弹能力，包括坦然接受并积极应对逆境的能力，在逆境中坚持不懈地朝着目标努力的能力，以最快的速度从打击中恢复过来的能力。而其中最关键的，是把逆境转化成积极的因素，从而使其变成组织自我提升、自我成长的机会的能力。

领导者在成就事业的过程中，一定会遇到很多挫折、打击、逆境。挫折和失败本来就是人生的组成部分。美国电影演员威尔·史密斯曾说："永远不要低估人们的痛苦。所有的人都在挣扎，只不过有些人更善于掩饰罢了。"

伟大的领导者几乎都是从失败中走出来的。优秀的领导与组织往往正是在艰难困苦之中生出强大的成长力量。能否走出挫折和失败的阴影而继续前行，并将失败和挫折变成最好的成长机会，是决定领导者的事业最终能否成功的关键因素。

美国宾夕法尼亚大学华裔心理学教授安吉拉·李·达克沃斯（中文名杜李惠安）曾经对西点军校的学员进行过跟踪、观察和分析。她发现，坚毅（grit）比天赋更能预测一个人的未来。

达克沃斯总结出来的坚毅法则包括：即使已经一败涂地，仍然要坚持奋斗；即使犯了错误，也要无所畏惧、不断尝试；即使没有人支持，也要勇往直前。

西点军校为什么一定要给学员安排拳击课程？其目的不是教学员单纯的拳击技巧。拳击教给学员的是：当被人一拳打倒在地的时候，你仍然要站起来。

你可以被打败，但不会被摧毁。你可能会跌倒，但会站起来继续前进。这就是称职的军事领导者必须具备的韧性，也是逆境中管理者与组织必须具备的强大复原力。

更主要的是，在这一过程中，你和组织会获得最好的成长机会。组织和个人从来不会在舒适区内获得成长的机会。在逆境中你会承受打击，会遭遇失败，但对于追求卓越的领导来说，失败恰恰是通往伟大的垫脚石。

曾任美国陆军参谋长的爱德华·C.迈耶将军说过一句话：就像钻石的形成过程中，碳元素、热量与压力这三个元素缺一不可一样，伟大的组织和卓越的领导力也只有在巨大的压力之下才能锻造出来。

正如我们在前面反复讲的，平时组织和个人都会有惰性、惯性，逆境是对个人的最好考验，也是对组织的全面体检。逆境可以让我们清楚地看到我们过去的能力边界、我们的不足、我们与对手的差距，看到我们必须进行改进的地方。

没有人喜欢逆境，逆境并不让我们舒服，但会把我们逼出舒适区，让我们进入自己不擅长、不熟悉的环境，而这正是我们自身和组织成长的最好时机。逆境会让我们更加强壮，好的组织都是在对逆境的反弹中得到成长与提升，从而变得更为强大的。

所以，不要白白浪费了一场危机，也不要白白经历了一场逆境。好的管理者，正好可以因势利导，将逆境的冲击变成动力，趁势推动组织的转型与升级。

北斗模式：逆境中的基本能力模型

意志力、洞察力、决策力、沟通力、执行力、响应力、复原力，七者是层层递进的关系。

意志力是逆境管理能力的起点与核心，也是逆境管理能力根本中的根本、关键中的关键。

有了坚定的意志力，你才会在动荡与混乱之中定静安虑，从而以敏锐的洞察力，洞悉内外的环境及发展趋势，并在正确了解正在发生的事情的基础上，果断地做出正确的决策。

而你的决策要被下属理解、接受，你就必须有良好的沟通力，这样下属才能真正与你上下同欲，坚决执行。

逆境中组织执行力至关重要，而执行力的关键来自有效的多层面激励。同时，在高度动荡而不确定的执行环境中，组织一定要对环境的变动以及其中的机会与威胁保持高度的警觉。在避开致命威胁的同时，及时发现机会，果断捕捉机会和利用机会，乃至创造机会，这就需要组织必须具备敏捷的响应力。

最后，逆境中的组织还需要强大的韧性与复原力，进而把逆境转化成自我提升、自我成长的最好机会。

我把这七大要素构成的逆境管理能力称为以定力为核心的逆境管理能力的“北斗模式”。用这一模式，我们可以更好地理解这七大要素在逆境管理中各自扮演的角色以及相互之间的关系。

在这一模式中，意志力、洞察力、决策力、沟通力构成了北斗七星的斗身，这四项是从领导力着眼的。执行力、响应力、复原力构成了北斗七星的斗柄，这三项是从组织能力着眼的。

七大要素之中，意志力处于天枢的位置，代表着意志力是逆境管理能力核心中的核心。意志力提供的是稳定人心、稳定局面不可或缺的定力。

沟通力处于连接斗身和斗柄的天权位置，代表着它是连接领导者与组织、决策力与执行力的关键环节。洞察力和决策力位于斗身底部的天璇、天玑位置，代表这两项是逆境管理能力的基础。

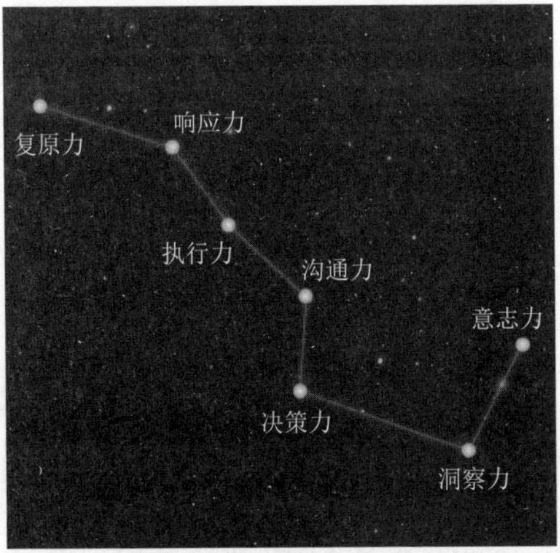

逆境管理能力的北斗模式

执行力、响应力、复原力分别处于玉衡、开阳、摇光的位置，共同构成了斗柄，代表着这三项是逆境管理能力中组织能力的三大要素，其中复原力最终决定了组织经历逆境后所能达到的高度与边界。

当然，熟悉天文学的朋友一定知道，在浩瀚的星空中，北斗七星总是绕着北极星而旋转。在逆境中，这个“北极星”就是我们反复强调的组织与个人的信念。这个不变的“北”，是逆境领导力的核心之所在，也是动荡时代的定力之所在。

自古以来，北斗七星就被中国人用以指引方向、分辨四季、标定时刻。回到我们前面引用的冯仑先生的话：领导者的一个重要角色，就是指道。北斗模式是逆境中有效管理的基本能力模型。希望这一模式，也可以成为今天管理者带领组织走出逆境的备用指南。

主要观点

- 逆境中的有效管理，应该具备七大要素：坚定的意志力、敏锐的洞察力、果断的决策力、良好的沟通力、坚决的执行力、敏捷的响应力、强大的复原力。

- 在混乱的逆境中，完全看清了再做只能是一种理想的状态。

- 在逆境突围的过程中，大的战略方向往往不是等出来的，而是根据大局判断，有了一个大致的方向之后，果断地打出来的。

- 当机立断，是逆境领导力的关键特征。准确地判断形势并果断地承担风险，是成功的决策者必备的素质。

- 好的沟通会达成这样的效果：不是因为决策者命令下属必须做什么，而是下属清楚地明白原因，清楚地明白目标，因此形成强大的自我激励，主动去做。

- 逆境中的有效激励依次来自四个层面：求生的本能、清晰的纪律、团队的荣誉、组织的理念。

- 人性的特点，固然是“欲生而恶死”，追求生存而憎恶死亡，

但人性还有一个特点，就是“欲荣而恶辱”，追求荣誉而憎恶耻辱。

- **对于逆境中的组织来说，信念越坚定越好，但行动越灵活、越敏捷越好。**

色诺芬的长征：一支希腊雇佣军的生死突围

上一节讲的逆境管理能力的七大要素，总体上是偏理论的。理论总是枯燥的，所以这一节我想再次通过一个案例，来帮助我们进一步理解逆境中的领导力是如何发挥作用的。

在世界军事史上，有两次著名的长征。一次是中国共产党领导的历时两年、艰苦卓绝的红军两万五千里长征，一次是色诺芬率领的古希腊历史上的“万人军”长征。

万余名因远征波斯而陷入绝境的希腊雇佣军，在雅典人色诺芬的统率之下，面对敌人的追杀、堵截和袭击，身处完全陌生的环境，历经艰险，长途跋涉，经过无数次战斗，历时 8 个月，由波斯帝国腹地穿越美索不达米亚、亚美尼亚、黑海沿岸，最终完成生死突围，安全撤回小亚细亚希腊殖民地。

就像红军的长征激励和启发了无数逆境中的领导者一样，色诺芬率领的希腊万人军的长征，也早已成为西方世界最经典的逆境突围的领导力案例。我们接下来就围绕这一案例，进一步探讨逆境领导力的基本要素。

背景

希腊万人军长征的起因，是波斯帝国的一场内讧。大流士二世是波斯帝国著名的国王，公元前 404 年，大流士二世去世，继位者是其长子阿尔塔薛西斯二世，但其次子小居鲁士认为自己比兄长更有资格继承王位。

经过充分准备后，公元前 401 年，小居鲁士在他的封地小亚细亚起兵 10 万，发动反叛，并向首都巴比伦进军，准备以武力夺取王位。

小亚细亚邻近希腊，所以小居鲁士长期与希腊人打交道，希腊士兵的优秀素质给小居鲁士留下了很深的印象。为了加强他的军队的战斗力，小居鲁士特地招募了一支由 13 000 人组成的希腊雇佣军，作为叛军的重要组成部分，史称“万人军”。

这支希腊雇佣军来源于希腊的各个城邦，成分也非常复杂。大部分人是为了得到小居鲁士所承诺的丰厚薪饷回报；一部分人是因为遭到自己城邦的放逐，无路可走，因而参加了军事冒险；也有一些人是因为仰慕小居鲁士的才能与品德而主动追随，希望借机建功立业。

雅典人色诺芬也在这支雇佣军的行列之中，但他当时既不是将官，也不是队长或者士兵。他是应小居鲁士帐下一名将官朋友普罗克西努斯的极力邀请，而成了这支万人军的随行人员。普罗克西努斯认为色诺芬可以成为小居鲁士的朋友。此时色诺芬 30 多岁，是苏格拉底的得意门生，熟悉军事和骑术。

公元前401年春天，这支希腊雇佣军与小居鲁士带领的10万波斯大军一起，横穿小亚细亚，一路征战，深入波斯帝国的腹地，一直打到了波斯帝国首都巴比伦城下。

9月，小居鲁士的军队与国王的军队在巴比伦北面进行了著名的库那克萨之战，希腊雇佣军一度击败了国王军队。但就在关键时刻，一件意想不到的事情发生了：在决战中，小居鲁士鲁莽地向国王军队发起直接进攻，结果命丧疆场。

这支希腊雇佣军一下子陷入了绝境。他们的金主小居鲁士战死了，原来许诺的丰厚回报顿时成了泡影。他们被困在了异国他乡的波斯帝国腹地，四面八方是国王的数十万波斯大军和无数敌对的部族与城市，而他们只有13 000人，还没有给养，没有后勤。

他们远离希腊3000多公里，回家的路上横亘着数条无法渡过的河流，他们却没有向导引路。他们是雇佣军，是脱离希腊母邦的游离分子，母邦也没有任何义务来救援他们。

接下来更坏的事情发生了：他们的盟友、原属小居鲁士的波斯军队见大势已去，背弃了他们，投靠了国王一边，接下来又联合国王的军队，以谈判的名义，诱捕并杀害了包括色诺芬的朋友普罗克西努斯在内的雇佣军所有核心将官。雇佣军顿时群龙无首。

而这支部队内部也并非铁板一块。来自各个城邦的希腊人本来就存在着矛盾与冲突，在波斯人的引诱与分化策略之下，雇佣军中的部分人开始叛逃投靠国王。

形势让人绝望。用色诺芬的话来说："很显然，如果他们胜利，不能杀伤任何人，而如果战败，则无一人得活。满怀这些顾虑，他们精神沮丧，晚上大都食未沾唇，无心生火，夜间也未返回营地，而是就地躺卧，不能入睡。他们在悲伤、想念他们的故土和父母妻子，认为再也不能见到他们了。"他们的命运似乎已经注定。

转机

当困境与厄运突然降临时，色诺芬一开始跟其他人一样痛苦，不能入睡。但他很快就意识到：沮丧、悲伤、绝望、无所作为，非但于事无补，反而只能导致最坏的结果，也就是被侮辱、被处死、被卖为奴隶。

天破晓时敌人就可能来进攻他们，雇佣军却没有人在做准备或考虑对策。不能无所适从，不能只期待从哪里出来一名将官带领大家，必须有人挺身而出。

正是在这种情况下，色诺芬果断站了出来。他接下来做了三件事情。

第一件事情，他召集了他的朋友普罗克西努斯的队长们开会，分析了他们所面临的形势，指出只有一条路，就是带头唤起其余的人鼓起勇气，与波斯国王较量，突破波斯军队的围追堵截。

他主动表示，如果大家决定这样干起来，他将追随他们；如果大家选他为领导，他将不以年轻为借口而拒绝。

色诺芬得到了大家的认同，并被推选为普罗克西努斯这支部队的新将官。

第二件事情，是安排队长们分头走访其余的希腊各支部队，召集了全军剩下的将官、副将和队长等军官开会，提出了不能落入波斯人手中、反而要争取制服波斯人的想法。

他对军官们分析说："在战争中决定胜利的不是兵员数目或力量，而是要看双方哪一方的部队具有更坚强的心气。这一般说来是无敌不摧的。"只要从信心和士气入手，以勇士精神激发部队的勇气，就一定能够形成走出困境的强大力量。

他的发言得到了全体军官的热烈响应。雇佣军立即按照他的意见，选出了新的指挥官，接替了被诱杀的那些将官，新的指挥与领导体系重新建立了起来。

第三件事情，是召开了全体士兵大会。在大会上新当选的将官们纷纷发言进行了战争动员。将官们的提议得到了士兵大会的通过。会后，部队立即开始按照会议的决议展开行动。

迷茫、沮丧、困惑、恐惧、无助、无精打采、人心惶惶，这就是希腊雇佣兵们在陷入绝境后的状态。这是最需要领导力的时候。在逆境中，真正的领导者，绝对不会允许沮丧和无力感主导自己和整个组织。正是色诺芬一个人的挺身而出，激发了普罗克西努斯的队长们挺身而出，接下来是所有军官的挺身而出，然后所有的士兵都站了起来。整个部队的状态由此发生了根本的变化。

激励

在这三次会议上，色诺芬之所以能够在最短的时间内唤起全体官兵与波斯国王较量的勇气，是因为他把握住了五个激励的要素：求生的本能、军官的荣誉、光荣的历史、自由的追求、神赐胜利的信念。

首先是求生的本能。

在三次会议上，色诺芬不断地利用这一条，来激发部队的勇气。

在第一次会议上，色诺芬就向队长们分析说："如果我们降服而落入国王手中，请想想我们的命运下场将是什么？就连他自己的弟弟，而且还是已经死了的，他都要砍其头，断其手，并刺穿示惩。那么，对于我们这些无人给说项求情的，对他进行讨伐、打算把他贬为奴隶的、能杀就杀掉他的人，我们能期待落个什么样的下场呢？他能不极端残暴地折磨我们，使世人都害怕，不敢再反对他吗？因此，我们必须尽力想办法不要落入他的势力之下。"

色诺芬一下子就给队长们讲清了他们面临的现实：想投降偷生，只有死路一条；只有奋起较量，才能杀出一条生路。

在第二次会议上，他更用"怯则死、勇则生"的道理激发全体军官的战斗愿望。他说，那些"在作战中急于设法尽可能保全性命的人正是那些落得受辱丧命的人；而那些看清楚人总不免一死的道理因而敢于壮烈牺牲的人，却更能长命到老，生活得快乐。那么，记取这种最适合当前面临危机的教训。我们自己必须做勇士，并使伙伴们也勇武起来”。

色诺芬的这番话得到了现场军官们的高度认同，后来成为雇佣军统帅之一的客里索甫斯当时就说道：“色诺芬，我以往只听说你是个雅典人，现在我佩服你的言和行。我但愿我们能有好多像你这样的人，这对全军都是福气。”

在第三次会议上，色诺芬再次向士兵们阐述了同样的道理：“凡是想再见到你的朋友的人，要记住做一个勇敢的人，因为只有这样才能达到目的”，“凡是想得救保全性命的人，他必须努力争取胜利，因为是胜利者杀人而败者被杀”。

杀人或者被杀，没有别的选择，没有别的出路。用任正非类似的话来说就是“除了胜利，无路可走”。这对于激起士兵拼死一搏的勇气，从而形成力出一孔的结果，起到了极为强大的作用。

第二是军官的荣誉。

这也是色诺芬从一开始就向军官们反复灌输的理念。在第一次会议上，色诺芬就向队长们发出倡议：“让我们自己带这个头，唤起其余的人鼓起勇气。要表现为最高超的队长，做比将官本人们更称职的将官。”同时，他斥责一位想投降的队长，并对大家说：“各位，我认为我们不但应当拒绝这个人跟我们在一起，而且要革掉他的队长职务，让他驮载，把他当那种动物看待。这个人不但玷污他的故邦，也是全希腊的耻辱，因为作为一个希腊人，他却竟是这种败类。”结果这个队长当场就被大家赶了出去。

在全体军官会议上，他向军官呼吁说：“全体士兵都注视着你们。如果看到你们软弱无能，他们就会都泄了气；但如你们不只自己对敌有所准备而且也号召其余的人起来照样干，肯定他们将跟从你们一样干起来。但或许最好是你们要赛过他们，因为你们是将官、副将和队长。”色诺芬的呼吁，唤醒了军官们的职责意识与荣誉感，进而激发出了他们带头奋起抗争的强烈意识。

第三是光荣的历史。

如果说对军官，色诺芬是用荣誉来激发他们的责任感，那么对全体士兵，色诺芬则是用希腊光荣的历史、先辈的精神，来激发他们求胜的心理和必胜的信心。

早在此次希腊雇佣军深入波斯之前，希腊就与波斯发生过多次战争，并且大多都是在波斯兵力占优势的情况下进行的，其结果却大多是希腊人取得了胜利。

光荣的历史、先辈的经历，由此成为色诺芬鼓舞士兵勇气和信心的最好素材：“当波斯人及其仆从大举动兵要消灭雅典时，雅典人敢打、敢拼，依靠自己的力量抗御了他们，并取得胜利。……后来当泽尔士召集那支不计其数的大军来攻打希腊时，我们的祖先在陆上和海上都战胜了我们敌人的祖先。”

色诺芬还用雇佣军本身的胜利来鼓舞士兵：“我决不是想说你们玷污了祖先。实际上，不多日子之前，你们在诸神保佑之下列阵攻打那些比你们多若干倍的波斯人的后裔，并取得胜利。请注意，那只是为居鲁士争取王位你们表现为勇士。现在，这场斗争是为了你们自身的安全，那应当一定是更加勇敢、更加热诚。

而且现在你们应当是更加信心百倍地抗御敌人了。那时节你们不熟悉他们，你们看到他们人马不计其数，但还是勇敢地秉承先辈的精神对他们发起攻击。现在你们已经和他们交过锋，并发现他们虽然比你们多许多倍但也无心与你们迎战。那还有什么理由使你们惧怕他们呢？”

光荣的历史以及先辈的精神，传递出的是希腊人会一直胜利的信念，而成为胜利之师的信念又给士兵们带来了战胜波斯人的强大信心，从而极大地鼓舞了士气。

第四是自由的追求。

“自由”在古希腊人心中具备非常崇高的价值。希腊人是向往自由、厌恶奴役的民族，尤其是波斯对希腊的入侵，使得自由的价值在希腊人心中空前突出，希波战争甚至被希腊人看成自由与专制的战争。从那时起，为自由而战的信念就深入了希腊人的内心之中。

这一点，小居鲁士就看得很清楚，因此他利用希腊人对自由的追求来对士兵进行激励。在与他的兄长大战之前，小居鲁士曾把希腊将官和队长召集到一起，鼓励他们说：“希腊的士兵们，我把你们带到这里来为我作战，不是因为我没有足够的波军，而是因为我相信你们比很多波斯人更勇敢、更精强，因此我将你们也带来。你们要确实配得上你们所享有的自由，我为你们拥有这种自由表示祝贺。”

色诺芬是雅典人，而雅典又是希腊城邦中最看重自由的城邦。色诺芬完全知道自由对希腊人意味着什么，自由的希腊人会取得怎样的成就。在第三次会议上，色诺芬激励士兵们说："我们的祖先在陆上和海上都战胜了我们敌人的祖先。作为这些胜利的标志，我们如今仍可见到战利纪念物，但最为强有力的见证便是我们生于兹、教于兹的邦国的自由。你们从不屈从于人间任何人，而只敬仰天神。你们是从这样的祖先传下来、成长起来的。"

借助希腊人对自由的追求，将接下来的战争行动上升到"为自由而战"的高度，这支已经失去原本存在意义的雇佣军部队，被色诺芬重新激发了士气，培育了战斗精神。

第五是神赐胜利的信念。

希腊人的世界是诸神的世界，对诸神的崇拜与信仰是希腊人精神生活的重要组成部分，重大的事件往往要请示神的意志，重要的盟誓都要以神的名义进行。而且在希腊人的世界里，诸神也随时可以干预战争，并决定战争的胜负。

色诺芬和雇佣军被困他乡、孤立无援，在这种情况下，唯一能够超越时空、给予他们强大精神支持的，就是他们所信仰的诸神。在希腊人心中，人总是软弱的，而诸神是强大的，色诺芬自己就非常相信诸神的力量。尤其是在小居鲁士战死之后，希腊雇佣军曾经与小居鲁士原来所统率的波斯军队在诸神面前发誓互不背叛，结成盟友，然而波斯人却撕毁了盟约。波斯是背神的一方，希腊是敬神的一方，这使色诺芬相信诸神会站在希腊人这边，因而希腊人一定会赢得这场较量。

在三次会议中，他把自己对诸神的信念，充分地传递给了全军。在全体士兵大会上，色诺芬为了激励将士们不要惧怕与波斯人的战争，把神赐胜利的信念做了充分的发挥。他对士兵们说："我们遵守了对神立下的誓言，而敌人则违背了他们的誓言，且破坏了休战。因此应可断言诸神是与他们为敌而站在我们这边的，而诸神能够依其神意很快地使强者转弱，并解救处于极端困厄之中的弱者。……勇士在诸神保佑之下甚至能从极端可怕的危厄中得救。"

对波斯人背信弃义的谴责使得希腊人在精神上占据了道义的高地，极大地振奋和鼓舞了军队的士气，而诸神的意志与力量又给士兵们带来了强大的信心，弥漫全军的阴霾因此一扫而光。

逆境中的团队能够走出逆境，首先要实现在心理上转败为胜的大逆转。色诺芬所说的"在战争中决定胜利的不是兵员数目或力量，而是要看双方哪一方的部队具有更坚强的心气"，一下子就抓住了心力在逆境突围中的关键性作用。战胜对手有两次，第一次是在心中，走出困境也是如此。色诺芬的过人之处就在于，他一上来就从不同的角度，赋予了希腊士兵们强大的心力。这是这支队伍最终能够走出逆境的前提。

挑战

鼓舞起雇佣军的士气，这只是逆境突围的第一步。在漫长而艰难的逆境突围过程中，色诺芬注定还要遇到数不尽的内外挑战。能否应对这些挑战，才是对色诺芬领导力的真正考验。事实上，这也是几乎所有率领组织逆境突围的领导者都会遇到的挑战。

第一个挑战，是不断遇到的挫折，以及由此带来的部队周期性沮丧。

逆境突围的过程注定是艰难、千辛万苦、充满挑战的，在这一过程中，士兵甚至军官们的心理，都非常容易受到不断出现的新困难的影响而出现大的波动。事实上，在开始行动的第二天，雇佣军就因为遇到挫折而出现了泄气的情绪。接下来，色诺芬还必须不断应对接二连三出现的挫折给部队带来的情绪影响。

这就需要作为领导者的色诺芬掌握士兵心理的变化，并在士兵情绪低落、沮丧的时候，随时用回家的愿景、希腊人的荣誉、诸神的力量等等，来激励士兵重新燃起对战斗的渴望和对胜利的信心。

行军过程中，有一次希腊军队要与敌人争夺山巅的有利位置，双方争相向山巅冲去，士兵们都非常疲劳。色诺芬向士兵们喊："请相信，现在你们在为希腊而竞赛。此刻竞赛是为了回到你们的妻子儿女身边，这一刻艰苦努一把力便可免去我们以后路程上的战斗。"

色诺芬还有一个过人之处，就是他总是会在不利的环境中看到那些有利的因素，并且借此来转化士兵的情绪。在希腊人撤退的过程中，波斯人给希腊人制造了很多困难，比如沿途烧毁村庄、掠走牲畜，很多希腊士兵因为担心无处得到给养而情绪极度低落。但色诺芬却看到了积极的一面，他说："希腊兄弟们，你们看出来了吗？他们已经承认这个地带是我们的了。因为缔约时他们规定不许放火烧毁国王的领土；现在他们自己在焚毁一切，好像这地带是被放弃了。……我认为我们应当向这些纵火者冲上前去，如同保卫自己家乡的人。”

在艰难的撤退过程中，这批希腊人竟然还在相对安全的时候，举行了两次运动会。色诺芬非常生动地记录了其中一次运动会的场景：“竞技项目有：男子短跑，多由俘虏参加；长跑，有六十余名克利特人参加；摔跤；拳击和掼拳。景象非常壮观，因为报名参加人数很多，而且因为竞赛者的同志们在场观望，竞争很激烈。也举行了赛马。骑手们驱马奔下陡坡，转向海岸，再回到祭坛所在。在往下奔驰时，多数马都滚跌再三；而上坡时，因坡度极陡，难度赛过步行；所以人们喧、笑不已，为之助兴。”

运动会很好地调整了士兵们的心理与情绪。欢乐而轻松的竞赛使得希腊人暂时忘却了行军的艰难，从而以乐观向上的心态继续前行。

第二个挑战，是如何在民主的基础上做出及时的决策。

希腊富于民主的传统，所有的重要事项必须经全体大会通过决议。这一条在希腊雇佣军中依然适用。《长征记》英译本序言曾略有夸张地说：“对他们只能得其同意而治之，在共同关心的事业上必须听取他们的意见，共同协商。他们被名符其实地称为‘行进的民主’‘游动的共和’‘深思熟虑而行动；一面战斗，一面表决；一幅行动在亚细亚中央的雅典缩影’。”

这一点，对于色诺芬来说恰恰是最大的挑战。色诺芬的领导身份本来就是众人推选的，士兵大会也随时可以取消他的权力，他不可能基于权力来强迫大家服从。具体的作战方案可以临机处置、当机立断，但大的战略决策、大政方针，必须先介绍情况，然后经过充分讨论，经过自下而上的投票表决，形成共识，尤其是出现分歧的时候。一句话，色诺芬并没有独断专行的权力。

在这样一个环境中，色诺芬的领导力就必须是民主型的。从一开始，色诺芬就明白这一点。他在全体士兵大会上宣布："如果有任何别的办法认为比我的更好，任何人，哪怕是个列兵，可以随便提出来。"不管是谁，只要能提出更好的办法，就要让他发言。而且他还规定，凡有关战斗的事，不管他是在吃早餐或正餐，都可以找他。如果他在睡觉，也可以唤醒他向他报告。

雇佣军走到一条大河时，因为河水太深无法通过，而且前有阻截，后有追兵，他们一度陷入困境。色诺芬正在吃饭时，有两个年轻的士兵跑来报告，他们发现了一处渡河点。色诺芬立即与将官们开会，商量出了具体的渡河方案，并因此顺利渡过了这条大河。

个人的决策总会有局限性，逆境决策非常重要的一条原则，就是要把决策变成一个开放的过程。形成人人都能参与的决策机制，就可以最大限度调动和发挥每个人的积极性、主动性与创造性。色诺芬率领的雇佣军能够克服一次又一次的艰难险阻，最终安全回到家乡，这一点起了很大的作用。

当然，这并不意味着大众的意见一定都是对的，民主讨论式的集体决策反而会由于群体思维而平庸化。同时七嘴八舌，议而不决，在需要果断做出选择的情况下反而会误事。一方面不能用强压的方式逼迫众人接受自己的意见，一方面又必须避免集体决策所带来的问题，这是色诺芬面临的两难困境。

在这种情况下，色诺芬就必须在大小会议中用自己的分析来说服大家，并在说服的基础上让大家形成共识。而正是在这方面，他的领导力中两大特质的价值就充分显现了出来：一是过人的洞察力，二是杰出的沟通力。

他的才能首先体现在他的洞察力上。色诺芬具有冷静的头脑、缜密的思维、过人的见识，他往往一下子就能抓住问题的要害，他对问题的思考深度远远超出其他将官，他提出的方案都是经过深思熟虑的，事后证明往往也是最妥当的，这些都体现出了一名优秀决策者难得的特质。

他的才能还体现在他的沟通力上。对于色诺芬这样的领导者来说，说服的能力至关重要，而且必须是最短时间里说服大众的能力。恰恰在这一点上，色诺芬表现出了他的强大魅力。他极具公众沟通能力，非常善于分析利弊，尤其他的演讲往往情理交融，不管是下属、盟友、使者还是敌对者，都会被他的演讲打动。《长征记》最精彩的篇幅，大概就是色诺芬的多次公开演讲。

正因为有了这些特质，虽然在大会上每个人都有发言的权力，但他发言的分量总是最重的。他靠的是影响力而不是权力赢得了军队的信任，士兵们甚至一度要推举他成为唯一的指挥官。越到后来，他的威望越高，他的决策也就越容易得到士兵们的认可。从这个意义上说，他的确是雇佣军当之无愧的领袖。

第三个挑战，是决策一旦形成后如何强有力地执行。

希腊人追求的是自由，但色诺芬清醒地知道，自由绝不等同于为所欲为。尤其在逆境之中，决策一旦形成，就必须坚决执行。执行力同样是逆境突围的关键组织能力之一。

正因为如此，色诺芬对于纪律与服从特别看重。在全体军官大会上他就强调："纪律保证安全，缺乏纪律一向是致败之源。"在全体士兵大会上，他又提出："广大列兵必须比以往更加整齐，更加服从。我们得通过一项决议：如果任何人不服从，你们随便哪一个当时在场的人，要协同军官对他进行惩罚。"总之，"不许当坏兵"。

值得注意的是，在色诺芬看来，纪律和服从不能靠强制，相反，必须建立在士兵自觉的共识基础之上，这对于生性自由的希腊人来说尤其重要。

正因为如此，为了使来自希腊各地的雇佣军成员拧成一股绳，他们在行军的过程中不断形成约定。例如行动之初，为了避免波斯人的分化，希腊雇佣军便通过了一项规定：只要还在敌人领土之内，便不与敌人谈判。

雇佣军到达赛拉苏时，一些人对当地使节实施了暴力，产生了不良的影响。于是士兵大会形成决议："开始这样做的人应当受适当的惩罚，嗣后不准再无法无天；若是有人再这样搞，应当受审处死。将官们要把所有的违纪者付诸审判；对凡是在居鲁士死后犯过任何其他错误的人也将举行审判。"

这样的规定与纪律都是在约定与共识的基础上形成的，是自觉自发的，因此就会形成士兵的自我约束，形成价值观的内化。每个人都知道规则、认同规则，并自觉遵守规则，因此一旦形成决议，就会坚决执行。

除了将服从与纪律建立在自觉自愿的共识基础上，色诺芬的领导力中还有一条，就是不以简单的命令，而通过身先士卒、以身作则的行为，来推动组织成员的坚决执行。

色诺芬的演讲的确具有打动人心的力量，但在逆境中，领导力永远是行胜于言的。色诺芬的领导力除了体现在他的语言上，更表现在他的行动上。

色诺芬曾向士兵们公开表明，虽然大家推选他为指挥官，但他同整个部队的每一个人完全一样，没有任何差别。正因为如此，色诺芬在行军中往往都是主动承担最艰巨的断后任务。作战命令下达之后，他往往也是第一个冲上去的。

在前文提到的争夺山巅的那场战斗中，曾经发生过一个小故事。就在色诺芬对士兵进行战斗鼓舞时，一位士兵说道："色诺芬，我们不一样；你骑着马，而我携着盾牌累坏了。"

色诺芬一听此言，立即就从马上跳了下来，把这个士兵从队里推了出去，夺过他的盾牌带着，尽快地冲上前去。这时他还穿着他的骑兵胸甲，所以负担极重。士兵们看到这一幕，对这名士兵又打又骂，直到逼着他拿回盾牌继续前进。

于是色诺芬重新上马，在骑马能行时在马上领路，地面太难走时便下马徒步赶路。最终希腊军队比敌人先行到达并控制了山顶。

色诺芬用自己的行为赢得了大多数人的尊敬和爱戴，他的领导力也就真正达到了“发号布令而人乐闻，兴师动众而人乐战，交兵接刃而人乐死”的地步。执行力的最高境界，是激发组织成员自觉自发地去执行。在逆境中，这一条尤其重要。

第四个挑战，是面对强大的敌人，身处恶劣的环境中，随时会出现各种从来没有遇到的新情况。

色诺芬率领雇佣军的长途行军，在此之前是从来没有部队经历过的。雇佣军所行经的地方，也是他们完全不熟悉的。他们一路上要对付的敌人、要克服的困难，也是完全不可预知的。随时会出现各种从来没有遇到的情况，是色诺芬和雇佣军必须面临的现实。

正是在这种情况下，色诺芬表现出了他领导力中的另一个特质，就是当面对困难，其他的将官一味抱怨时，色诺芬却总是把挑战看成改进组织不足的最好机会，进而以创新的思维去解决所遇到的每一个新问题。

行军的第一天，希腊军队就因为没有自己的骑兵受到了波斯骑兵的严重骚扰，军队里面出现了泄气的情绪，两名将官甚至开始抱怨色诺芬。色诺芬的回答是：敌人的行动使希腊军队暴露出了弱点，就是步兵无法对敌人的骑兵进行有效的反击和追击，因此希腊军队也应该有投石手和骑兵。

当天晚上，一队 200 人的投石手便组织了起来；第二天，50 人的骑兵队伍也成立了。色诺芬这种快速、灵活的应变与调整能力，带来的一个直接结果是，从此波斯人再也不敢贸然进犯。

在行军的过程中，希腊军队经常会遇到占据隘路的敌对力量的截击。其他将官的办法往往是猛冲猛打、突破拦阻，因此要付出巨大的代价。色诺芬却创造性地提出了机动灵活的行军原则：为了尽量减少伤亡，避开敌人、抢占无人占据的地方，比进攻要塞中有准备的敌人要好得多；不战而向山上进军，比在平地各方面受敌要容易得多；不打而走崎岖不平的路，比边打边走平路要好受得多。

这种战术上的灵活性，使得希腊军队以极小的代价就突破了敌人的封锁，并为全军主力最终返回小亚细亚做出了巨大的贡献。2000多年以后，利德尔·哈特专门称颂色诺芬是运用以机动灵活为特征的“间接路线”的高手。

雇佣军的撤军过程，在战术上就是一个不断创新的过程。《长征记》英译本前言评价色诺芬说：“永远足智多谋，以新的战术应付新的情况，从来不落后于常规的羁绊。他的独创和发明的天才对后来希腊兵法影响深远。”敏捷的思维、创新的意识、机动的战术，是色诺芬能够带领雇佣军走出困境的重要因素。

第五个挑战，是撤军过程中多次发生的内部危机，不断出现的质疑、谣言、分裂、背叛和阴谋。

人性是复杂的，逆境中的人性更为复杂，况且色诺芬所率领的本来就是一支来自希腊各个城邦的雇佣军，所以在撤军的过程中，内部一直暗潮涌动，危机不断。雇佣军中甚至还曾经有几名阿卡狄亚人指控他，说因为他的欺骗，士兵们才颠沛流离，而他却独占了士兵们的财富，甚至提出愿看到他被石击毙。

在这一过程中，色诺芬再次体现出了他的杰出才能。他以冷静的头脑、无碍的辩才，更主要的是优秀的品格以及因此而赢得的士兵们的信任，每每使得谣言不攻自破，阴谋无所遁形，并把质疑与指控化为自证清白最好的机会，反而赢得了更大的认可。

在这一过程中，色诺芬遇到的最大挑战，是在雇佣军到达大海后，外部生存压力相对缓和，来自希腊各个城邦的雇佣军之间的矛盾开始凸显。由于在行军路线上出现了分歧，军队一度出现了分裂的局面。

当时队伍分裂成了三支，最大的一支以阿卡狄亚人为主，人数最少的是色诺芬的队伍。结果阿卡狄亚人因为劫掠而陷入了困境，被色雷斯人困在山上，随时有全军覆没的危险。

色诺芬再次表现出了他的优秀特质，就是以大局为重，不计前嫌。他所做的第一件事情，就是动员自己的部队前去解救被困的阿卡狄亚人。一方面，他以唇齿相依、命运与共的现实利益说服部下，“如果他们灭亡，我们也不会幸存”；另一方面，他更是反复强调“希腊人”作为一个整体的重要性，他说：“我们必须集合我们所有的军队奋力突围……今日或遭遇高贵的牺牲，或完成最伟大的事业，拯救如此多的希腊人。”

正是由于他的坚持，解救行动最终取得了成功，分裂的三支队伍也再度会合在了一起。血的教训使他们通过了一项决议：以后任何人若提议分裂军队，都应当被处死。

色诺芬曾经讲一个好的领导者究竟应该具备什么样的特质：“对于一个人，特别是一个指挥官来说，没有任何财产比其勇武、正义和慷慨更为光荣和可贵的。拥有这些美德的人是真富，因为他朋友众多，因为另外别的人也愿和他交友。若是他成功，好多人和他同庆；若是他遭遇患难，将不乏人前来相助。”

色诺芬对领导者的信用也特别看重。他说：“最重要的是你绝不应让人视为言而无信、不可信赖的人。因为我知道，无信之人所言飘忽，总无成果，总无力量，总无荣誉。但若人实事求是，若有所求，他们的话比别人手中的力量更能有所成就。若是他们想惩戒一个人，他们的劝吓起作用不亚于别人的实际惩处。这样的人若是对人有所许诺，所起作用不亚于别人的直接遗赠。”

勇武、正义、慷慨，以及极其重视信用，使得色诺芬在雇佣军中赢得了极高的尊重，得到了极大的信任。这也是他能够渡过各种内部危机的重要原因。

公元前 400 年的夏天，历尽艰难的希腊雇佣军回到了希腊故土，此时雇佣军还有 6000 多人，在这里，他们接受了斯巴达人的收编，万人军长征终于结束。如果往返一起算，这次长征一共历时一年零三个月，行程为 6555 公里。

从没有任何指挥权力的随行者，到脱颖而出、成为扭转局面的主心骨，到最终带领这支雇佣军走出绝境、获得重生，色诺芬靠的是冷静的头脑、过人的见识、缜密的思维、敢于担当的品格、坚忍的意志、大局意识、灵活的策略，以及强大的激励下属的能力。

正是这些品质，让他可以在混乱中为组织分清利弊，在沮丧中为组织鼓起勇气，在迷茫中为组织指明方向，在绝境中为组织带来希望，在群龙无首、无所适从时挺身而出勇于担当，在面临各种挑战时不断提出创新性的解决方案，在面对背叛、分裂与阴谋时苦心维系、保全大局，从而最大限度激活了士兵的潜力、最大限度保存了军队的主力，创造出了军事史上的一个奇迹。

从他的身上我们也可以看出，对于处于逆境中的组织来说，领导者的领导力是多么重要，以及身处逆境中的领导者究竟需要什么样的领导力。

主要观点

- 沮丧、悲伤、绝望、无所作为，非但于事无补，反而只能导致最坏的结果。

- 在逆境中，真正的领导者，绝对不会允许沮丧和无力感主导自己和整个组织。

- 战胜对手有两次，第一次是在心中，走出困境也是如此。

- 逆境决策非常重要的一条原则，就是要把决策变成一个开放的过程，形成人人都能参与的决策机制。

- 自由绝不等同于为所欲为。尤其在逆境之中，决策一旦形成，就必须坚决执行。执行力同样是逆境突围的关键组织能力之一。

- 规定与纪律都是在约定与共识的基础上形成的，是自觉自发的，因此就会形成士兵的自我约束，形成价值观的内化。每个人都知道规则、认同规则，并自觉遵守规则，因此一旦形成决议，就会坚决执行。

第三章 周期

理解变局背后的逻辑

在动荡而不确定的变局时代，我们之所以焦虑，往往是因为我们只看到了眼前，纠结于一时一地的得失。因此很容易被眼前的动荡本身裹挟，陷入当下的旋涡苦苦挣扎，而无法顾及更大的场景和长远的趋势，这反过来会使我们不断陷入新的动荡而不可自拔。

常人关注事件，高手关注周期。认识和把握了周期，以及周期背后的脉络，就可以从容不迫地提前进行长远的战略布局，而不为眼前的动荡与情绪所裹挟。

在大变局时代，战略思维最重要的组成部分之一就是周期思维，而历史是理解周期的最好视角。

司马迁周期：在变动的时势中把握机会与人性

中国史学一个很好的传统，就是关注周期性的治乱兴衰背后的基本规律。这一传统是司马迁在2000多年前就已经奠定了的。司马迁在《史记·太史公自序》中说，史学的目的就是“究天人之际，通古今之变，成一家之言”。《史记·货殖列传》的价值也就在这里。

《货殖列传》不仅是一篇商业传记，司马迁还在其中记录了他对经营智慧的洞察与理解，其中最引人注目的是后世学者所谓的“司马迁周期”。在司马迁看来，经济的发展是有周期的，经营者想要成功，就必须学会理解周期、拥抱周期、利用周期，“乐观时变”，在周期的变动中把握最好的战略性机会。司马迁为我们总结出来的经济周期以及在此基础上的经营智慧，对于我们理解动荡时代管理的逻辑，至今依然有参考价值。

令后世得以观择焉：司马迁为什么要写《货殖列传》

我们先从“货殖”两个字开始讲。什么叫“货殖”？“货”就是财货、资财，“殖”就是繁殖、增殖。所以“货殖”就是通过财货的流通使财富增殖的意思，说白了就是商业。《货殖列传》，就是司马迁为春秋到汉初那些巨商富贾所作的传记。这是正史中第一次为成功的企业家立传，在所谓的“二十四史”中也是唯一的一次。

在中国古代社会，政策特点是重农抑商，商人是被排斥、被打击、被限制的对象，处于四民之末。为什么司马迁却专门在《货殖列传》中为商人树碑立传呢？

这有一个非常重要的时代背景，就是从春秋到汉初这个阶段，是中国古代商业史上一个短暂但宝贵的黄金时代。那个时代商业经济非常发达，出现了很多著名的巨商，包括子贡、范蠡、吕不韦等等。

司马迁通过观察，认为当时的商业发展到了什么程度呢？如果一个人没有多少财产，但是希望变成富人，希望改变自己的经济状况，那么，“农不如工，工不如商”。也是在那个时代，从事商业才是创造财富的最好路径。商业的黄金时代，这是司马迁为商人立传的基本时代背景。

司马迁写《货殖列传》还与他的黄老思想有关。儒家思想重义轻利，对商人虽不那么排斥，但是也不会多么看重；法家思想重农抑商，以打击商业力量为能事；而黄老思想强调的是无为而治。无为而治的特点就是从人的本性出发，去引导而不是去干预，对商业也是如此。这对司马迁的经济观与商业观产生了很大影响。

司马迁对人性看得非常清楚，认为人是有求利、求富的本性的。“富者，人之情性，所不学而俱欲者也。”追求财富是人性的组成部分，人不用学，天生就会有这样的欲望。人人都想过上好日子，这是挡不住的。

所以司马迁讲：“天下熙熙，皆为利来；天下攘攘，皆为利往。”天底下这些人忙来忙去，商人也好，农民也好，官员也好，所有人都在求利。这是司马迁对人性的基本理解。

很自然就可以得出这样一个结论：追求财富是正常的，求富是可以理直气壮去做的事，没什么可丢脸的。赚钱并不可耻，通过正途赚钱就是道德的行为。

我们在前面说过，古时候的“士农工商”中，从事商业被认为是最下等的职业。中国传统文化总体来说对于商人是蔑视的，对于赚钱、财富，是羞于谈论的。而司马迁却认为可以理直气壮去做经商求富的事情，从事商业与从事其他职业都是平等的。

而且在司马迁看来，商业给整个社会带来的作用是非常大的。他讲，就是因为大家都去追求自己的利益，所以带来了整个社会效益的最大化：“此宁有政教发征期会哉？人各任其能，竭其力，以得所欲。……各劝其业，乐其事，若水之趋下，日夜无休时，不召而自来，不求而民出之。岂非道之所符，而自然之验邪?”商业与市场的形成，不是因为政府的政令，不是因为政府的教诲，而是因为每个人都去追求自己的利益；在追求自己利益的过程中，每个人把自己的专业做到极致，财富自然而然就创造出来了，社会繁荣也就自然而然地产生了。

这一思想，与西方近代经济学家亚当·斯密的思想几乎是完全契合的，这也是《货殖列传》被称为“中国的《国富论》”的原因。

司马迁写《货殖列传》还有一个原因，就是他要总结这些经营成功的人取得成功到底有哪些规律性的东西，为后人进行经营提供借鉴。

用他的话说：“请略道当世千里之中，贤人所以富者，令后世得以观择焉。”他写《货殖列传》的目的，就是要把这些人通过正途致富的原因与规律总结出来，供后世的人去观察、去思考、去借鉴。

今天我们来看，这也是《货殖列传》最有价值的地方，它远远超出了商业本身，关注的是商业成功的底层逻辑。本节就介绍司马迁总结出来的这些主要的底层逻辑，供大家参考。用司马迁的话说：“智者有采焉。”真正的聪明人，一定是可以借鉴的。

底层逻辑之所以是底层逻辑，是因为它是可以超越时代的。司马迁给后人留下了哪些宝贵的思考呢？这对我们今天驾驭这个动荡的时代有什么样的启发呢？这就是接下来我们要讲的主题。

最下者与之争：国家与市场的五种关系

司马迁在写作《货殖列传》的时候，一开始就给大家讲国家和市场或者国家和商业之间是什么样的关系，国家应该怎么处理跟经济的关系："善者因之，其次利道之，其次教诲之，其次整齐之，最下者与之争。"

一个国家的政府应该怎么处理跟市场、商业的关系？最好是"因之"，就是顺其自然，把经济的逻辑还给经济，把市场的权力还给市场。这样经济一定会繁荣起来，这是最高的境界。

"其次利道之"，次一等是用利益来因势利导，利用人求利的本性来引导经济发展。

第三等是"教诲之"，国家认为自己更懂经济，非要开始教企业家怎么做生意、怎么做管理。

"其次整齐之"，就是按照国家的好恶制定各种各样的政策、制度来规范、约束、控制企业的规模与经营范围。

"最下者与之争"，最愚蠢的做法，就是国家把自己变成运动员，直接下场跟企业争夺市场，跟民间争夺利益。

哈耶克曾经说，"市场经济是人类迄今所能发现的最有效率且较为理想的一种资源配置体制"。司马迁早在2000多年前就已经得出了同样的结论。其实我们40多年的改革开放、我们的市场经济体制，其背后的逻辑也就在这几句话里面。

历史上中国经济发展的几大黄金期都是国家权力退出市场的过程。在司马迁那个时代，他所看到的例子，是文景之治。文景之治是以黄老道家的理念作为基本思想。前文说过，黄老思想的核心是无为而治，国家不去干预经济。这样一来，就带来了整个社会的繁荣。

文景之治时期，国家的财富积累到什么程度呢？仓库的粮食一层层堆，陈的粮食腐烂了，新的粮食还在堆。国家钱库里面穿钱的绳子都已经朽烂了，钱没有地方去用。当时的经济已经繁荣到这个地步。这是古代中国的第一次经济大繁荣时期。

第二个例子就是改革开放。改革开放最根本的一条原则，就是《人民日报》1978 年 10 月 15 日那篇著名文章的标题所说的：要相信农民会种地。

国家不用进行太多干预，要相信农民会种地，要相信企业家会经营，要相信老师会讲课，相信大家会做好自己的事情。自发的、自觉的市场是最有活力的。这就释放出了 40 多年经济发展的活力，创造了今天中国经济的“奇迹”。

其他的例子如东南亚地区的华人、华商群体。在东南亚地区，包括印度尼西亚、马来西亚、新加坡，主要经济很大程度上是掌握在华人手里的。东南亚很多地区的华人在政治权力上是受限制的，但依然可以掌握地区的经济命脉，这就是华人华商的厉害之处。

我们这个民族的文化与西方文化、印度文化确实有不一样的地方。西方人向往的是天堂，印度人追求的是来世，但中国人非常现实，最重视的是今生和现实的世俗成就。

第一，中国人对财富的追求是发自内心的、是骨子里面的，贺年都要说恭喜发财；第二，我们的勤劳、用心，也是骨子里面的。所以我们提供了世界上最优秀的制造业工人、最能打拼的企业家。

在这种文化里，只要不出现长期的动荡，只要政府的政策不犯大的错误，国家根本不用多干预，经济就一定能繁荣起来。这是司马迁提供给我们的非常重要的智慧，也是为 2000 多年的历史所证明了的。

这也是为什么在这个动荡的时代里，我们依然可以对中国的未来充满信心。因为不管时局如何，这个文明的根基还在那里，这个民族的基因还在那里，经济发展的基本动力还在那里。

作力、斗智、争时：创造财富的三个层次

司马迁在《货殖列传》中提出了一个命题，是“无财作力，少有斗智，既饶争时，此其大经也”。这是讲一个人创造财富的三个阶段、三个途径，也是三个层次。

什么叫“无财作力”呢？没有资本，一穷二白，这时候你靠什么来创造财富？靠出卖自己的劳动力，靠挣工资，工资就是你付出体力的回报。

什么是“少有斗智”呢？一个人开始有了一些财富，有了一些资本，有了一些积累，这时候就不能光拼体力，而是需要靠脑子挣钱了。要洞察市场需求，分析竞争格局，制定与对手进行竞争的策略，争取客户，赢取利润。

什么是“既饶争时”呢？饶，就是财富自由。时，就是战略机会。你已经实现财富自由了，这个时候就应该把获取财富的重心放在关注经济的大势以及其中蕴含的战略性机会了。

显然，在司马迁看来，同样是动脑子，“斗智”只是小聪明，“争时”才是大智慧。“斗智”只是策略层面的争斗，“争时”才是战略层面的竞争。

孟子有句话叫“虽有智慧，不如乘势”。就是说，一个人就算再聪明，也不如顺势而为、借势而上。所以有句古诗这样说：“时来天地皆同力，运去英雄不自由。”

个人的智慧在大势面前是很卑微的，跟大势相抗衡肯定会碰得头破血流。想要做大事，一定要借大势。你的投资、你的战略一定要顺应时势，把财富的成长跟大的趋势结合起来。大的时势才是决定终极财富成就的关键。那些巨商的经营智慧，就在于“争时”这个层面。

《货殖列传》中经营智慧的核心就是对“时”的把握，包括如何理解“时”、如何把握“时”、如何利用“时”。

司马迁总结了那些巨商创造财富的历史。他说：首先，这些人都不是做官的人，不是靠做官致富的；其次，他们不违法乱纪，不破坏整个社会秩序，不是通过不合法、不合理的手段致富的。

他们共同的特点是“椎埋去就，与时俯仰，获其赢利”。

椎，在这里应该写作“推”，就是推论；埋，应作“理”，就是逻辑；去，就是前因；就，就是后果。推理去就，就是追究事情的前因后果，分析现象背后的底层逻辑。

时，就是时势；俯仰，就是抬起落下，引申为进退。与时俯仰，就是根据时势、周期以及由此决定的时机来选择什么时候进取、什么时候收缩、什么时候激进、什么时候保守，从而获取最大的盈利。

时势是决定经营成败的最大变量。在经营中，比关注对手更重要的，是关注时势的周期性变动。没有永远成功的企业，只有不断适应时势的企业。企业管理者的一个重要任务，就是在动荡的时代里，抓住时势以及时势的变化所带来的战略性机会。

所以司马迁讲，好的经营者一定是“乐观时变”的。什么叫“乐观时变”？用我们今天的话说，就是好的经营者不会为时代的动荡与不确定性而焦虑。相反，他们是高高兴兴地接受不确定性、理解不确定性、拥抱不确定性、利用不确定性的。因为对他们来说，最大的机会，就包含在这样的不确定性中。

旱则资舟，水则资车：大势背后的经济周期

我们可能会问一个问题：我也知道最大的机会就在不确定的大势变动中，但我怎么能在动荡的环境中把握住这样的机会呢？

要理解大势，首先要理解大势起起落落背后的周期。司马迁在《货殖列传》中引用了计然的话来专门讲这个问题。计然是范蠡的老师，据说范蠡就是靠计然之策来治国用兵和经营致富的。

司马迁在《货殖列传》中说：“岁在金，穰；水，毁；木，饥；

火，旱。旱则资舟，水则资车，物之理也。六岁穰，六岁旱，十二岁一大饥。”

对于“岁在金”之类，我们今天很多人可能不知所云。其实这里采取的是中国古代的岁星纪年法。岁星就是木星，绕日一周的时间不到 12 年。金指代西方，水指代北方，木指代东方，火指代南方。这样平均下来，岁星在某个方位差不多待 3 年。所以，12 年为一个周期。岁在金的 3 年，丰收；岁在水的 3 年，歉收；岁在木的 3 年，饥荒；岁在火的 3 年，旱灾。12 年里再细分的话，6 年一丰收，6 年一干旱，12 年一次大饥荒。

从这段话我们会得出什么结论来呢？首先，经济是有周期的。在司马迁那个时代，经济的主要部门是农业，而农业收成主要受自然因素影响。所以经济周期的基本逻辑是：天体的周期性运行导致气候的周期性变动，气候的周期性变动导致周期性的旱涝灾害，周期性的旱涝灾害导致农作物收成的周期性变动，从而导致经济的周期性波动。每个周期是 12 年。

这就是学者们所说的“司马迁周期”。今天看来，这当然还是一种相对朴素的经济周期理论，但有一点是很明显的，就是司马迁对于“商业所处的外在环境是周期性动荡的”这一点，已经有了初步的认识。

接下来的问题是，既然商业所处的外在环境是周期性动荡的，经营者该怎么面对这样的周期呢？只能听天由命、被动接受动荡周期的摆布吗？

最精彩的部分出现了。司马迁借计然之口提出，“知斗则修备，时用则知物，二者形则万货之情可得而观已”。知道要打仗，就要提前做好战备；了解货物何时为人需求购用，才算懂得商品货物。善于将时与用二者结合起来，那么对各种货物的供需行情就能看得很清楚了。

具体来说，经营者应对环境周期性动荡的正确策略是“旱则资舟，水则资车”。

什么叫“旱则资舟，水则资车”？就是当出现大旱的时候，你一定要投资船；遇到洪涝灾害的时候，反而要投资车。

乍看起来这不是愚蠢的行为吗？发生了大旱，要船有什么用？发生了洪涝灾害，车根本开不出去，干吗要投资这个东西？

第一，周期之所以是周期，就是因为它是动态的，是周而复始的。今天出现了旱，明天就会有水；今天发了洪水，早晚有一天会干旱。投资者、经营者要关注长远，而不能仅仅关注眼前。

第二，当发生大旱的时候，没有人用船，船根本卖不出去，这会导致一个什么样的结果？船的价格非常便宜，而这恰恰是你投资船的最好机会。发大水的时候，车是没用的，但是这个时候车是最便宜的，这恰恰是你投资车的最好机会。

这告诉我们什么道理？普通的投资者关注的是眼前，关注的是市场的当下反应，因此会形成一种跟风效应。而真正的高手不会被表面的现象和眼前的利益迷惑，他会透过现象看到本质，越过当下看到长远，因此超出常人，进而赚到常人赚不到的钱。

什么叫“物之理也”呢？船也好，车也好，都是物品，都是交通工具。人永远是需要交通工具的，可能短期的经济动荡使得某一种交通工具的价格打了折扣，但是从长远来讲，交通工具的价值是不会变化的。

从这个角度来讲，你只要投资交通工具，它早晚会给你带来回报，这就是事物的本质，你不要被它当下的价格下跌迷住眼睛。

要透过表面看到本质，透过眼前看到长远，看到货物的长远价值，这就是“物之理”。这就是穿越周期，看到商品的本质，看到它背后的基本规律与逻辑。

“旱则资舟，水则资车”，也就是我们今天讲的长线逆周期投资、价值投资，本质上是一种提前布局的理念。2000 多年后，巴菲特也说了那句名言：“别人恐惧的时候我贪婪，别人贪婪的时候我恐惧。”

真正的经营高手都是孤独的，为什么？因为他做的跟别人做的不一样，跟一般人的本能反应不一样。压力与诱惑会使我们根据本能反应，选择短期主义的行为。而真正的高手不会被周期波动带来的短期压力和诱惑动摇。高手着眼的是大的周期，是根本的价值，并据此提前进行长远的布局。

一句话，高手着眼的是超出常人的长期主义，从而在周期性的动荡中识别出最好的机会，并从中获得超出常人的战略性回报。

司马迁周期给我们的最大启发是什么呢？常人关注的是事件，高手关注的是周期。认识和把握了周期，以及周期背后的脉络，就可以从容不迫地提前进行长远的战略布局，而不为眼前的动荡与情绪所裹挟。

换言之，在大变局时代，周期思维是战略思维最重要的组成部分之一。

贵出如粪土，贱取如珠玉：利用好价格的周期性波动

经济的周期性动荡会产生一个直接的结果，就是商品因为供给的变化而出现价格的周期性动荡。比如说在司马迁那个时代，丰收就会谷贱，歉收就会米贵。这又是一个不以人的意志为转移的周期。经营者如何应对和利用这样的周期呢？

司马迁借计然之口分析说："论其有余不足，则知贵贱。贵上极则反贱，贱下极则反贵。贵出如粪土，贱取如珠玉。财币欲其行如流水。"

"论其有余不足，则知贵贱。""有余"就是货品供应过多、过剩，"不足"就是货品供应不足。这就是供求关系。供应的商品一旦数量过多，一定会导致价格下跌。一旦供应不足，价格就一定要上涨。这是自然的规律。

但供求永远是矛盾的关系，当产品价格高的时候，大家就会拼命生产，因此反而会导致商品供应过剩，然后价格就要开始下跌；当价格下跌到一定程度，大家纷纷退出这个市场，商品的供应就会减少，价格反而就要上涨。

所以说价格的涨跌有个规律："贵上极则反贱，贱下极则反

贵。”也就是说商品的价格涨到了极点，就一定会往下走，跌到了极点，就一定会往回弹。我们一直强调，对于高手来说，最好的机会从来就隐藏在动荡和不确定中。所以经营的高手，就是要掌握并利用好价格的周期性波动。

那么，具体应该怎么利用价格的周期呢？原则就是“贵出如粪土，贱取如珠玉”。

“贵出如粪土”，是说当价格开始高涨的时候，你要把所有的货物迅速卖出去，甚至夸张地说，要把货扔出去，就像扔粪土一样，丝毫不要留恋。

“贱取如珠玉”，就是商品价格下跌的时候，你要把它视同珠宝，果断出手抢进来，丝毫不犹豫。

普通人投资时的心理是什么？追涨杀跌。价格上涨的时候，觉得价格可能还要涨，因此往往不愿卖。价格下跌的时候，担心价格可能还会跌，所以往往不敢买。

但是真正的高手正好相反：价格上涨的时候，像丢粪土一样大量扔出去；价格下跌的时候，像抢珠玉一样大量买进来。

用白圭的话说是“人弃我取，人取我与”。大家都抛售的东西我要购进，大家都购进的东西我要卖出，这就是利用价格周期。

无敢居贵：应对周期的关键是警惕人性中的贪婪

当然，上面这条原则其实很简单，说白了就是贱买贵卖。

但问题是，道理大家都知道，为什么很多人都做不到呢？有两个原因。

第一个原因，在价格的周期性波动中，你永远不知道商品在什么时候是最贵的，也永远不知道它在什么时候是最便宜的。事后来看，哪个时候价格最高、哪个时候价格最低，是很清楚的。但是在事前和事中，你很难准确预见到最高点和最低点到底在哪里。

第二个原因，人的本性是贪婪的，人骨子里都希望获得更高收益。越是价格上涨的时候，就越舍不得卖，等到价格突然下跌，就算想卖也没机会了。

所以，司马迁借计然之口，对经营者提出了这样的警告，“无敢居贵”，也就是不要贪图暴利。

不要因为一味追求利益的最大化，而让贪得无厌蒙蔽了自己的眼睛，冲昏了自己的头脑。一定要有高度的自制意识。

贵和贱其实是相对而言的。《战国策》中有一句话：“时贱而买，虽贵已贱矣；时贵而卖，虽贱已贵矣。”

价格低，你出手买进了，买进后价格更低了，你会很后悔。其实你买的价格虽然高，但已经低于它的应有价格了，已经很值了。这就是“时贱而买，虽贵已贱矣”。

价格高，你把它卖出去了，结果你发现价格还在涨，你会很后悔。其实你卖的价格虽然低，但已经高于它的应有价格了，已经很值了。这就是“时贵而卖，虽贱已贵矣”。

范蠡经商时“逐什一之利”，也就是只要 10% 的利润，高于

10%的利润不要。李嘉诚也讲过一句话：不要去挣最后一枚铜板。

要经营，每一枚铜板都很重要，为什么不挣最后一枚铜板呢？无数人就是因为不断地去试探最后那枚铜板的边界，最终在周期突然进入下行阶段的时候已经无法全身而退。

不去挣最后一枚铜板，才能在动荡的周期中永远保持足够的安全边界。

人性的本质是贪婪的，真正做到“无敢居贵”是很难的，因为这与人性的贪婪是完全背离的。但管理就是要做难而正确的事情。认识你自己，警惕人性的致命弱点，是在周期性的动荡中做出明智决策的前提。

智、勇、仁、强：商业周期中巨商品格的四大要素

那么，在由不断波动的周期构成的商业环境中，什么样的商人才能成为真正的巨商呢？《货殖列传》中借白圭之口讲了四个要素：智、勇、仁、强。原话是：“其智不足与权变，勇不足以决断，仁不能以取予，强不能有所守，虽欲学吾术，终不告之矣。”

如果一个人，智慧不足以随机应变，勇气不足以果敢决断，仁德不足以正确取舍，强健不足以有所坚守，他就是想学我做生意的方法，我也不会告诉他。

商业环境最大的特点就是动态的、不断变化的、不确定的，经营策略必须在理解和把握周期规律的基础上，因时而变，因地

而变，因人而变。这样才能顺应周期的变化，顺应时代的潮流。

所以好的经营者一定要拥抱变化，用司马迁的话说就是“乐观时变”。经营者不能一根筋，而是必须具备动态把握机会的能力。只有具备随机应变、灵活变通的品质，才能根据事态的发展，做出最佳的决策，采取最佳的行动，从而顺应周期，把握住最佳的商机。这就是所谓的“智以权变”。

有了机会怎么去把握？靠决断力，勇就是决断力。白圭曾经讲“趋时若猛兽挚鸟之发”，把握机会以后就像猛兽和老鹰捕食那样一击即中。

在不确定的环境下，所有的决策都是在信息不完善的情况下做出来的。所以优秀的管理者一定要有决断的魄力，根据对周期的认知以及对机会的把握，在关键时刻敢出手，敢拍板，敢下决心。只有具备强大的决断力，才能把你的智慧与果断的行动结合起来，从而把握住周期中稍纵即逝的机会。这就是“勇以决断”。

“仁以取予”，取就是获取，予就是分享。商业当然是逐利的，但好的商人一定要学会分享。有了利益，全部装到自己腰包里，马上就人心大去。这样的人是成不了巨商的。好的商人，必须是“利之所在，当与人共分之；名之所在，当与人共享之”。

“仁以取予”就是要有博大的胸怀，要有利他的精神。这样才能得到别人的追随，争取更大的合作，赢得社会与市场的认同，从而成就更大的事业。

拥有财富后最大的挑战是什么？人在巨大的财富面前很容

易迷失自己。财富会让人膨胀，甚至骄横霸道，进而为非作歹。财富可以成就人，也可以毁灭人。财富最能考验一个人的人品，考验一个人的底线。只有具备强大自控力的人才不会被财富冲昏头脑，始终保持低调、谦卑、清醒、冷静和理智，在困难的时候看到机会，在顺利的时候看到风险，从而做到富而不骄、败而不馁，不为外在的周期所扰乱，把命运掌握在自己手里。这就是"强有所守"。

周期的特点就是永远像潮水一样有起有落。有上升，有高潮，必然有衰退。如果陶醉于周期中的上升期所带来的势如破竹，满足于顺势而为所带来的虚幻的力量感，人就很容易迷失自己，一旦周期不以人的意志为转移进入衰退期，就会因为被高高抛起而重重摔下，陷入万劫不复的境地。

在动荡、复杂、不确定而又机会与陷阱并存、诱惑与压力并存的商业世界中，一个人身上的弱点很容易被放大，甚至会因此导致决策和经营的失败。这就是优秀的经营者为什么一定要像优秀的将军一样。只有具备"智勇仁强"品质的领导者，才能在动荡的周期中始终保持清醒的意识，冷静地分析形势，果断地把握时机，从容地调动资源，不管外在的周期如何波动，内心始终保持强大的定力，从而具备跨越周期的能力。

司马迁在《货殖列传》的最后有个非常精彩的总结，揭示出了商业环境的一个特点，就是"富无经业，则货无常主"。

财富从来不会固定在某个行业，每个行业都可能诞生巨富；

财货从来没有固定的主人，你不要想永远掌控财富。财富是无主的，财富的拥有者是不断变化的。司马迁说，你仔细看看历史就会发现，财富从来是“能者辐凑，不肖者瓦解”。对于善于经营的人，财富会像车的辐条集中在车轴周围一样大量聚集。对于没有能力的人，财富就像瓦片碎裂一样，会迅速散失。

潮水般涌来的财富，往往会潮水般退去。所以，司马迁的《货殖列传》表面上写的是商人、商业、经营，其实最终写的是商业中的人性。商业和经济的周期是不断波动的，而人性是千古不变的。《货殖列传》中关于管理的道理，其实都是基于对人性的理解和对人性的把控。

从人性的角度审视自我、审视财富、审视经营，经营者才能更好地理解商业与商业世界的本质，同时在动荡的商业世界中，做到世自乱而我心自治。这也是《货殖列传》给后人的最大启发。

主要观点

- 经济的发展是有周期的，经营者要想成功，就必须学会理解周期、拥抱周期、利用周期，“乐观时变”，在周期的变动中把握最好的战略性机会。

- “斗智”只是小聪明，“争时”才是大智慧。“斗智”只是策略层面的争斗，“争时”才是战略层面的竞争。

- 时势是决定经营成败的最大变量。在经营中，比关注对手更重要的，是关注时势的周期性变动。

- 认识和把握了周期，以及周期背后的脉络，就可以从容不迫地提前进行长远的战略布局，而不为眼前的动荡与情绪所裹挟。

- 无数人就是因为不断地去试探最后那枚铜板的边界，最终在周期突然进入下行阶段的时候已经无法全身而退。

- 商业和经济的周期是不断波动的，而人性是千古不变的。

三环叠加：中国国家治理模式的历史演进

在动荡而不确定的变局时代，管理者的一个重要能力，就是要把管理的重心从追逐眼前的机会与风口，转为理解波动背后的周期及其规律，从而跳出一时一地的得失，从更大的格局、以更长远的眼光把握当下发生的各种扰动，进而更好地看清管理世界中哪些只是一时的喧嚣，哪些才是稳定的结构。因此，变局时代战略思维的一个关键，是对环境的把握，要更加着眼于分析深层的结构与脉络，而不仅仅关注浅层的事件与现象。

对于中国的企业管理者来说，这就需要跳出微观的企业维度乃至中观的行业维度，从国家治理模式的层面来理解历史演进的底层逻辑，以及企业经营的基本制度环境。

从历史发展的角度来看，当代中国国家治理模式是三大不同因素叠加的结果，这三大因素分别是古代中国的大一统格局下的制度演进、现代中国的中国共产党领导下的国家建构、改革开放以来的市场经济及相关的制度安排。我们在前言中讲过，国家发展，短期看政策，中期看制度，长期看规律。正是以上三大因素的叠加，构成了企业管理者理解国家政策变动的基本制度环境。

认识三大因素的叠加效应及因此形成的基本结构，是企业管理者理解当代中国国家治理模式基本逻辑的关键。

古代中国：大一统格局下的制度演进

加州学派的代表人物之一、著名华裔史学家王国斌先生在比较中西国家发展的不同时曾说："欧洲从未丧失其多国体系，而中国则未能真正经历过永久的分裂。"

一个国家的治理体系，往往是围绕着国家所要面对的核心挑战而形成的。核心挑战的不同，决定了国家治理体系的相对优先性的不同。欧洲国家是在一个分裂的世界体系中发展起来的，在这个世界体系中，国家之间的冲突、敌对与征服是其基本特征，外部的威胁是国家所面临的最大挑战，而在冲突中的生存与发展，则是国家的头等大事。

如果说欧洲国家的国家治理是围绕着"国家的冲突"而展开的，那么古代中国的国家治理则是围绕着"王朝的兴衰"而展开的。在古代中国以整体性为特征的天下体系中，中国文明很早便表现出大一统的基本走向。中国历史上并非没有外部的冲突，欧洲历史上也并非没有国内的战争。然而从总体上来说，在一个以分裂与冲突为特征的世界秩序中，欧洲国家的挑战主要来自外部，欧洲国家在国家治理上所要解决的核心挑战，是竞争中的生存；在一个以整体性为特征的天下体系中，中国的挑战主要来自内部，古代中国的国家治理，主要是围绕着以内部秩序的崩溃与重建为内容的“王朝的兴衰”而展开的。这使得中国国家治理的重心从一开始就与欧洲呈现出不同的面貌。

古代中国的国家治理体系正是在这样的背景下形成的。这是一种以天下体系为背景、以王朝国家为主体、以王朝兴衰为主题、以关注内部的稳定与整合为重心的国家治理体系。

无论是中国还是欧洲，最容易挑战大一统格局的都是三种力量：贵族、商人和军队。在古代中国，为了维护大一统的格局，这三种力量便成为中央政权的主要控制对象。从秦朝开始，古代中国逐步形成了一整套强化中央集权、维护大一统格局的制度安排。

具体来说，政治上是打击贵族，贵族作为一个独立的政治阶层在秦以后已经基本不复存在，取代贵族地位的是绝对听命于王权的官僚；经济上是重农抑商，通过税收和行政的手段对商人进行抑制，使商人集团无法形成挑战中央权力的社会力量；军事上是重文轻武，并通过文官对军队事务的深度介入，使军队变成维护大一统格局的重要机器。

这种以大一统为特征的国家治理体系，适应了当时相对封闭的世界格局，提供了农耕文明所需要的基本和平与秩序，使得历代王朝可以在生产力发展水平相对有限的情况下，集中起巨大的社会剩余，从而在农耕时代创造出了领先于世界的文明，取得了至今国人都为之感到自豪的伟大成就。这是一种符合中国文明2000多年来生存与发展的深层逻辑的体系。

正因为如此，从秦汉一直到明清，古代中国国家治理体系演进的过程，很大程度上就是这套体系不断完善的过程。直到今天，大一统的理念依然在中国国家治理体系中占据着核心的地位。

但从另一方面来说，古代中国的国家治理体系也必然存在其历史的局限性。我们可以把王朝国家这种国家治理体系看成一个垄断的体系。在这样一个相对封闭的体系中，取得了天下权力的王朝作为垄断者，心满意足地享受着垄断的利润，维持着垄断的局面，并警惕地监视着可以挑战垄断、引起变动的力量。

在一个相对封闭的天下秩序中，这种治理体系是非常有效的。但是一旦被卷入以竞争与冲突为特征的世界体系，这种治理体系的弱点就暴露无遗。

现代中国：中国共产党领导下的国家建构

从 1840 年鸦片战争开始，西方列强通过暴力手段，强行打开了中国的大门，并迫使当时的中国进入了以西方为主导的殖民地半殖民地体系之中。传统的天下体系与王朝国家面临的是西方民族国家体系与殖民扩张体系的双重冲击。

在新变局、新力量的冲击下，传统的国家治理体系暴露出了其无力应对的局限。以王朝认同为特征的古代中国必须转型为以民族认同为特征的现代国家，否则国家治理就无从谈起。洋务运动、戊戌变法、清末新政、辛亥革命，都可以看作是为实现这一目标持续努力的过程。但是，这些构建现代民族国家的努力，最终都以失败告终。

如何在一盘散沙的中国社会中构建现代民族国家，实现救亡图存，成为当时中国所面临的最大挑战。

俄国十月革命的胜利，让苦苦寻求救国之路的爱国之士看到了希望，找到了一种新的构建民族国家的模式，即先由政治精英组建强有力的政党，然后再以政党为国家的基础和骨架，联同人民群众完成构建民族国家的任务。这种先建党、后建国的模式一经提出，便为仁人志士所认同，此后中国现代国家治理的基本面貌由此形成。

在当时中国的诸多政党中，接受马克思列宁主义更为彻底，对中国社会问题思考更为深刻，凝聚力、组织力和社会动员力也更为强大的中国共产党，便挑起了中华民族伟大复兴的历史重任，走出了一条以人民群众为中心的民族复兴之路，将国家的构建过程变成了一场伟大的群众性政治运动。

在探索如何建立新中国、建立一个什么样的新中国的过程中，共产党发挥了关键性作用，并取得了最终胜利。

美国学者弗兰兹·舒曼曾指出："中国共产党通过革命性斗争登上权力地位，创造了今天的中华人民共和国。中国在过去的十几年里，无论是伟大的人物，还是平庸之辈，都在用组织化了的政治权力达到不同的目的，演出人类的戏剧。他们在重建一个伟大的国家，约束着她的人民，改善着人民的生活，打下了增长的基础。中国犹如一栋由不同的砖石砌成的大楼，她被糅合在一起，站立着，而把她糅合在一起的就是意识形态和组织。”[①]

“没有共产党，就没有新中国。”无论是从政治学还是从社会学角度来说，这都是理解中国国家建构的基本线索。中国共产党为新中国的构建和国家治理模式的形成做出了重要贡献，不管是组织上、意识形态上还是国家发展模式的选择上，都是如此。

改革开放：市场经济及相关的制度安排

新中国成立以后，百废待兴。共产党所面临的国家治理的一个新课题，是迅速恢复经济的发展，而现代国家的经济发展不可能完全依靠政治动员。换言之，现代国家的经济发展，离不开市场的力量。

新中国成立后，经过 30 年的艰难探索，中共中央最终在十一届三中全会上作出了改革开放的决议。改革不断深化的过程，其实就是一步步引入、培育和确立市场经济及相关的制度安排在当代中国国家治理尤其是经济发展中的地位的过程。

经过 40 年的改革开放，市场经济及相关的制度安排，无论是从法律还是从实践上来说，都已经成为当代中国国家治理体系中不可分割的组成部分，并在国家治理中起着越来越关键的作用。很大程度上，这也是出现中国式经济奇迹的重要原因。将市

① 转引自：刘晔，《迈向现代国家：知识分子与近代中国国家建设》，《中国社会科学评论》（第 1 卷），法律出版社，2004 年，第 75 页。

场经济及相关的制度安排纳入当代中国的国家治理体系，最好地体现了中国共产党在国家治理理念上的开放与进取。

古代中国的大一统格局下的制度演进、现代中国的中国共产党领导下的国家建构、改革开放以来的市场经济及相关的制度安排，三者在历时性上是环环递进的关系，反映了国人在国家治理上根据环境与时代的变化与时俱进、生生不息而极富创造力的不懈探索与追求。在共时性上，三者则是三环叠加的关系，从而形成了如下图所示的具有中国特色的当代中国国家治理模式。

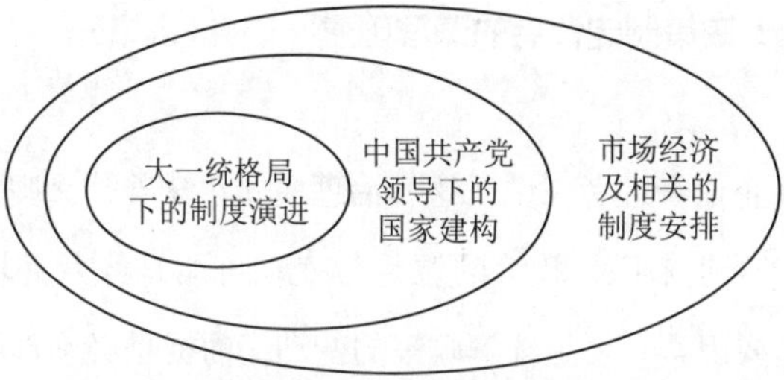

三环叠加的中国国家治理模式

在这个三环叠加的国家治理模式中，最内环的大一统格局是中国国家治理体系的起点，因此古代中国历朝历代都会天然地将大一统格局作为国家治理的基本出发点。实现国家的最终统一、粉碎内外势力分裂国家的企图，也就成为实现中华民族伟大复兴的重要标志之一，这在当代中国的国家治理体系中毫无疑问也具有神圣而不可挑战的意义。

中间一环的中国共产党的领导，是国家治理体系的核心和有力保证，并且已经成为中国国家治理体系中最具特色的部分之一。以坚持党的领导作为国家治理体系的核心，也因此成为当代中国社会的普遍共识。

最外环的市场经济及相关的制度安排，则使得中国的国家治理与世界有了连接与交流的基础，为中国融入世界、世界走入中国提供了重要保障。当代中国的国家治理模式，也就因此既是民族的，又是时代的，更是世界性的现代国家治理体系的有机组成部分。

三层逻辑：政策制定背后的深层因素

对于企业管理者来说，这一治理模式意味着什么呢？

对于企业来说，政策的调整与变动可能是经营环境不确定的一个重要因素。要想理解政策的变动，前提是必须理解主导政策背后的制度环境及其深层逻辑。

在上述三环叠加的国家治理模式中，从外向内，我们可以看到理解国家政策变动的三层逻辑：市场的逻辑、政治的逻辑、安全的逻辑。

在所谓的战略机遇期，也就是内外战略环境相对稳定的时代，国家可以从容地依据市场的逻辑来制定政策。但是在大变局时代，安全的逻辑和政治的逻辑必然会在国家政策制定中扮演着越来越突出的角色。

因此，在这一模式之中，企业管理者要想理解政策的变动，就不能仅仅懂得市场的逻辑，还要懂得政治与安全的逻辑。理解了国家治理模式的这一底层逻辑，企业家和企业管理者才能真正理解主导政策变动的深层因素。

主要观点

- 变局时代战略思维的一个关键，是对环境的把握，要更加着眼于分析深层的结构与脉络，而不仅仅关注浅层的事件与现象。

- 一个国家的治理体系，往往是围绕着国家所要面对的核心挑战而形成的。核心挑战的不同，决定了国家治理体系的相对优先性的不同。

- 如果说欧洲国家的国家治理是围绕着“国家的冲突”而展开的，那么古代中国的国家治理则是围绕着“王朝的兴衰”而展开的。

- 中国共产党为新中国的构建和国家治理模式的形成做出了重要贡献，不管是组织上、意识形态上还是国家发展模式的选择上，都是如此。

- 改革不断深化的过程，其实就是一步步引入、培育和确立市场经济及相关的制度安排在当代中国国家治理尤其是经济发展中的地位的过程。

- 要想理解政策的变动，前提是必须理解主导政策背后的制度

环境及其深层逻辑。

- **理解国家政策变动的三层逻辑：市场的逻辑、政治的逻辑、安全的逻辑。**
- **在大变局时代，安全的逻辑和政治的逻辑必然会在国家政策制定中扮演着越来越突出的角色。**

大周期：如何应对变化中的世界秩序

谈到周期，我们就不能不谈写了《原则》和《原则：应对变化中的世界秩序》的瑞·达利欧。瑞·达利欧是一个非常典型的借助历史来走出暗沟的管理者。他基于历史研究和数据分析提出的“大周期”理论，可以从另一个角度帮助我们更好地跳出商业本身，来提升我们在变局时代应对动荡的能力。

《原则：应对变化中的世界秩序》是瑞·达利欧基于对历史的研究而写成的一部著作。一个投资界的教父级人物，为什么要花费这么大的精力去研究历史？研究历史与管理投资有什么关系？

达利欧的回答是：想要真正做好投资，就必须有历史的视野。

投资者需要预测和应对未来，而预测和应对未来的能力，取决于对事物变化背后的因果关系的理解。理解这些因果关系的能力，又来自对以往变化的发生机制的研究。然而问题是，人的生命是有限的，所能经历的事情也是有限的。有限的经验很大程度上限制了我们的认知。

达利欧在书中讲了一个影响他一生的事件。1971 年尼克松宣布美元与黄金脱钩，达利欧认为第二天股市会暴跌。然而没有想到，第二天股市反而大涨。这让达利欧极为震惊，他研究了历史才发现，历史上许多次货币贬值都对股市产生了类似的影响。

经历了几次这样令人痛苦的突发事件之后，达利欧意识到了一个现实：每个人都只能经历历史的一小部分，我们就像蚂蚁一样，在短暂的一生中全神贯注地搬运面包屑，却无暇拓宽视野，无暇发现事物发展的周期。一旦遇到没有经历过的重大事件，认知的局限就会完全暴露出来。大多数人对这样重大事件的到来措手不及，因此往往会遭受重大的损失。

太阳底下没有新鲜的事物。著名史学家陈寅恪有句诗："读史早知今日事，对花还忆去年人。"正如达利欧所言，历史的作用在于，我们一生都没有经历过的事件，历史上却可能出现多次。也就是说，历史研究可以帮助我们超出个体经验的局限，从几代人乃至更长的时段，去关注那些反复发生的历史事件，把握兴衰治乱的历史周期，以及思考背后的深层逻辑和驱动机制，从而拓宽我们的视野，提升我们的认知，帮助我们更好地理解当前、应对未来。

在大变局时代，战略思维的一个重要组成部分就是周期思维。周期思维一定是长时段的思考，而历史则是理解周期及其脉络的最好视角。正是在这样的背景下，达利欧以公元 1500 年以来世界主要国家约 500 年的历史为样本，开始了围绕帝国兴衰及其深层机制而展开的历史研究，并且基于历史研究提炼出来的规律重新思考投资。《原则：应对变化中的世界秩序》就是他研究成果的集中呈现。

主导帝国兴衰的大周期

达利欧研究历史最主要的心得，就是贯穿该书的主线“大周期理论”。这一理论大致包括了如下内容。

首先，就像生物存在生命周期一样，历史通常也是通过相对明确的周期、随着一代人向下一代人的过渡而逐步演进的。

其次，人类的历史和未来可以看作所有个体生命周期逐步演进的综合。个体的生命周期汇聚在一起，就成为一个自古至今、包罗万象的整体历史演进过程。

再次，同样的事件受大致相同的原因驱动而反复发生，同时也在不断演进。历史的周期像潮水一样起起落落，很难改变或对抗。一旦这些周期朝着一个方向发展，历史构成的板块就会移动，所有人的生活都会发生巨变，驱动着财富和权力发生周期性的更迭，以及周期性的兴衰治乱。

典型的大周期分为三个阶段：上升阶段、顶部阶段、下跌阶段。帝国和王朝都是在这样典型的大周期中崛起和衰落的，没有一个帝国能够逃过这个周期。每个世界强国都有过辉煌，但它们最终都会衰落，只是衰落的方式不同而已。

具体来说，典型的大周期由三个周期构成，即长期货币和资本市场周期、内部秩序和混乱周期、外部秩序和混乱周期。

第一个周期是长期货币和资本市场周期，这是大周期中最重要的驱动因素。达利欧的研究表明，短期债务周期通常持续8年左右，长期债务周期通常持续50~75年，因此包括6~10个短期债务周期。长期债务周期在人的一生中只出现一次，大多数人对其会毫无预料。因此它的到来往往令人措手不及，让很多人遭受损失。

第二个周期是内部秩序和混乱周期。这是从内部有序到无序，再回到内部有序的典型周期，一般分为六个阶段：第一阶段，新秩序开始，新领导层巩固权力；第二阶段，资源配置体系和政府官僚机构建立和完善；第三阶段，出现和平与繁荣；第四阶段，支出和债务严重过度，财富和政治差距不断扩大；第五阶段，财务状况糟糕，冲突激烈；第六阶段，出现内战/革命。每个阶段持续的时间可能长短不一，但整个周期的演化通常需要100年时间（可能出入很大），周期中也会发生很大的波动。

每个国家都在经历这些周期，不同的国家处于不同的阶段。各国相比于其他国家所处的阶段会影响国家之间的关系，也是整个世界秩序的首要决定因素。

这当中，第五阶段是内部周期的关键阶段，也是许多国家目前所处的阶段。这个阶段会出现典型的有害组合，导致重大内容冲突，包括一国及其民众处于糟糕的财务状况，实体内部的收入、财富和价值观存在巨大差距，以及受到严重的负面经济冲击。

第三个周期是外部秩序和混乱周期。上述内部秩序和混乱周期的六个阶段也适用于这个周期。

达利欧重点分析了国家之间的斗争的五种类别：贸易 / 经济战、技术战、资本战、地缘政治战和军事战。他强调说，内部和外部秩序周期背后的驱动因素往往会同时改善或同时恶化。随着形势的恶化，争端与日俱增，交战的可能性就会加大。

基于大周期视角的投资

这对投资者有什么样的启示呢？达利欧说，几乎所有的投资者都在谈论当前事件，却没有人谈论这些大周期，而大周期是当前事件的最大驱动力。真正负责任的投资者，必须从大周期的角度来思考投资。

为了从投资者的角度来看大周期的整体格局，达利欧还研究了 1900 年以来 10 个大国的历史。他的研究发现，在这 10 个国家中，有 7 个国家至少经历过一次几乎所有财富消失。

即使是那些没有经历财富全部消失的国家，也经历了几个糟糕的 10 年，其资产回报几乎摧毁了它们的财务。美国和英国是仅有的成功案例，但也经历了巨额财富损失时期。

达利欧说，如果他没有考察 1945 年世界新秩序开始之前的这些投资回报，他就不会了解到这些毁灭性时期；如果他没有回顾 500 年间的世界历史，他就不会看到这种情况如何在世界各国反复发生。

的确，人们经常忘记，对于投资者来说，在很长的历史时段，最大的不确定性并不是来自市场本身，而是来自市场之外。

在大周期的上升阶段，你只需要关注市场本身即可，但在衰落和混乱的阶段，以往曾经安全的投资变得不再安全。

从混乱阶段一直到新秩序的重建，这一过程既包括了财富和政治权力的彻底重组，也包括了债务、财务所有权以及政治决策权的彻底重组。这一过程往往会给财富带来毁灭性的影响。当局势恶化时，投资和资金往往已经无法逃离。而负责任的投资者，无论在何种环境下都要保护好财富。

这就必须理解大的周期，并且打造出适用于整个历史（包括毁灭性时期）的认知和策略。

达利欧说，只有充分了解这些周期，才能从战术上调整或分散投资组合的风险，避免受到不利影响，并且/或者从中获利。

大周期中的美国与中国

人类很难改变大的历史周期，但好消息是，人类在大周期面前也并非完全无所作为。在达利欧看来，大周期存在清晰的标记。根据这些标记，人们就可以了解自己在大周期中所处的阶段与位置，并有针对性地采取最妥善的应对原则。

在研究中，达利欧提炼出了 8 个标记大周期的指标，即教育、竞争力、创新和技术、经济产出、世界贸易份额、军事实力、金融中心实力、储备货币地位。人们可以通过考察这些指标，构建一个反映国家当前形势的健康指数，体现不同大国兴衰的整体情况及所处的大周期阶段。

《原则：应对变化中的世界秩序》一书中最引人注目的部分，大概是达利欧运用自己的分析模型，对中美两国各自所处大周期阶段的分析。

在达利欧看来，美国已经处于自身大周期中约 70% 的位置，误差范围为 10 个百分点。也就是说，美国已经处于内部秩序与混乱周期的第五阶段后期。

虽然美国还没有越过界线，进入第六阶段，即内战 / 革命阶段，但其国内冲突激烈程度日益加剧。达利欧说他在美国已经看到了三个从第五阶段升级到第六阶段的最重要标志，包括规则被无视、双方相互进行情绪化的攻击、发生流血事件等。

虽然美国在未来 10 年里陷入第六阶段的可能性只有 30% 左右，但在达利欧看来，这一风险已经高得危险，因此必须通过一致性和预示性指标来密切关注与防范这一风险。而最大的疑问是，美国的体制在崩溃之前到底有多大的韧性。

与美国处于周期的第五阶段不同，在达利欧看来，中国则似乎处于周期的第三阶段，即和平繁荣阶段。达利欧说，中国取得了历史上最快速的进步，人们的基本生活条件迅速改善，塑造强大国家的种种要素明显增强，是一个不断发展的大国。

所以他的结论是：对美国来说，大周期是不利的；对中国来说，大周期看起来很有利。

那么，美国和中国目前所处的不同阶段，对中美关系意味着什么呢？

达利欧专门用了一章来分析中美关系的现状及前景。在他看来，命运和大周期规律将中美两国及其领导人置于目前的境地。在五种类型的国家之间的斗争中，中美之间的斗争已经涵盖了贸易/经济战、技术战、资本战和地缘政治战。

这些战争虽然还不是很激烈，但正在加剧。中美之间还未发生第五类斗争即军事战。虽然中美发生军事战争的风险似乎较低，但该风险正在提升。

达利欧警告说，愚蠢的战争往往因针锋相对的升级过程而发生，在这样的过程中，哪怕是对敌方做出小的举动来回应都要比被视为软弱更重要，特别是当双方并不真正理解对方的动机时。历史告诉我们，对于正在衰落的帝国来说，这尤其是一个问题，衰落的帝国倾向于投入不符合逻辑的战斗，因为任何撤退都会被视为失败。而事实上，对于中美两国来说，最大的敌人都是自己。

不是所有人都会同意达利欧在这一问题上的结论与判断，但值得指出的是，在美国国内反华情绪总体高涨的情况下，达利欧从大周期的视角，对中美关系出现的问题、其深层原因以及未来走向的分析，相对来说还算是客观公允理性的。在今天这样一个动荡而喧嚣的时代，这样的声音尤其难能可贵。

历史视角的价值

中国人对于达利欧的大周期理论，应该会感到很亲切。一个原因是，达利欧的这本书，尤其是后半部分，花了大量的篇幅研究中国历史。另外一个原因是，中国人对历史的理解，就是周期性的治乱兴衰。

事实上，中国人的历史意识可能是世界上最强的。这一点，达利欧已经充分意识到了。达利欧抱怨说，大多数美国人认为他们自己的历史只有 300 年，他们不是很有兴趣从中汲取教训。300 年对美国人来说似乎是很久的，但对中国人来说却太短了。大多数美国人无法想象会发生颠覆美国体制的革命或战争，但对中国人来说，革命与战争似乎都是不可避免的，因为他们看到这样的事情反复发生。

他说，历史早就影响了中国人的思维方式，中国人习惯于从更大、更渐进的视角去看待当代事件，更具有战略思维。这与美国人的思维方式截然不同，后者更关注特定的事件，尤其是当下发生的事件，因而不可避免会变得相对短视。

的确，正如前文所言，读史最大的好处，大概是可以帮助我们跳出此时此地的限制，从长的历史时段来把握影响组织兴衰治乱的深层因素，从而帮助我们把握哪些东西是可以持续的，哪些东西只是一时的喧嚣，给我们带来完全不同的视角。用达利欧在书中的话说，这种从历史的角度看待事物的方法，改变了他的视野。

达利欧说："历史的意义在于，知道事情过去的变化状况后，我就可以考虑类似的事情在未来发生的可能性。与不知情相比，这是一个巨大的优势。知道了这一点，我就不断地寻找类似事情再次发生的先兆。有了这些先兆，即使是不完美的预测，我也可以更好地保护自己，而不是像悠然无事一样，对可能发生的事情一无所知或毫无准备。”

对于管理者来说，这大概是对究竟为什么要读历史这一问题的最好回答了。

主要观点

- 投资者需要预测和应对未来，而预测和应对未来的能力，取决于对事物变化背后的因果关系的理解。
- 就像生物存在生命周期一样，历史通常也是通过相对明确的周期、随着一代人向下一代人的过渡而逐步演进的。
- 历史的周期像潮水一样起起落落，很难改变或对抗。
- 典型的大周期由三个周期构成，即长期货币和资本市场周期、内部秩序和混乱周期、外部秩序和混乱周期。
- 人们经常忘记，对于投资者来说，在很长的历史时段，最大的不确定性并不是来自市场本身，而是来自市场之外。
- 在大周期的上升阶段，你只需要关注市场本身即可，但在衰落和混乱的阶段，以往曾经安全的投资变得不再安全。
- 衰落的帝国倾向于投入不符合逻辑的战斗，因为任何撤退都会被视为失败。

走出暗沟：管理者如何构建自身的底层逻辑

一本书就是一个世界

变局时代，管理的底层逻辑非常重要，问题是，管理者如何才能跳出一时一地的得失，构建出自身管理的底层逻辑呢？答案之一就是读书。

查理·芒格曾经说过这样一句话："我这辈子遇到的聪明人，来自各行各业的聪明人，没有不每天阅读的。没有，一个都没有。"我想说，关于管理者为什么要读书，没有哪句话能比这句话讲得更明白了。

管理学有一个研究结论，就是领导者的眼光、追求、高度、境界、格局、胸怀以及价值观，对于组织的未来往往具有决定性的意义。

决定组织发展的基础性因素很多，其中最重要的还是组织的领导者本身，组织成长过程中最大的挑战，是对领导者个人的挑战。企业做到最后，就是一个领导力的问题。管理者领导力的层次，决定了企业的层次；领导力的高度，决定了企业的高度；领导力的境界，决定了企业的境界；领导力的导向，决定了企业的导向；领导力的局限，也决定了企业的局限。

那么，领导力的核心究竟是什么？在我看来，就是8个字：走出小我，成就大我。

正如前文提到的瑞·达利欧的话，我们常人其实就像蚂蚁一样，在短暂的一生中全神贯注地搬运面包屑，却无暇拓宽视野。读书是打开视野、提升领导力最有效的途径，即便不是唯一的途径。一本书就是一个世界，读书的过程，就是帮助我们突破个体局限，发现和走进更大世界的过程。

谈到读书，1939年毛泽东在给八路军延安总兵站检查工作会议做总结时曾说过一段非常精彩的话："有了学问，好比站在山上，可以看到很远很多的东西。没有学问，如在暗沟里走路，摸索不着，那会苦煞人。"[1]

一个人的成长，一个人的自我突破过程，很大程度上就是他的阅读史。所以我们才有了这样一句话：你的气质里，藏着你走过的路，读过的书，爱过的人。

毛泽东一生嗜书如命。从他的身上，我们可以清楚地看到一位领导者对读书的热爱，以及读书对一位领导者的影响。

毛泽东小时候是到处借书读，革命战争时期是到处找书读。1931年红军打下漳州，他得到了一本恩格斯的《反杜林论》，奉

---

① 转引自：龚育之、逄先知、石仲泉，《毛泽东的读书生活》，生活·读书·新知三联书店，2021年，第13页。本节关于毛泽东读书的内容，除另出注者，均出自此书。

若至宝，随时带在身边。长征时红军颠沛流离，但毛泽东一到一个稍大的地方，就先问有没有书。

他的机要秘书曾经回忆：长征途中一次红军打下了一座县城，县城有很多富户，而富户家往往是有藏书的，毛泽东特别高兴，交代警卫员给他找一本《水浒》来读，结果小战士忙了半天，找的是一把水壶。

长征红军到了阿坝，打下了藏族土司索观瀛的卓克基官寨，这个地方我带学员进行雪山草地课程的现地教学时去过好几次。官寨中有一部汉文的《三国演义》，毛泽东如获至宝。新中国成立后他会见索观瀛时还专门提到这件事，并还了索观瀛一套全新的《三国演义》。而令毛泽东伤心的事情，就是有时候行军作战中不得不放弃全部书籍。

长征到了陕北以后，稍微安定了一些，但陕北还是没有什么书可读。毛泽东多次写信给在西安做统一战线工作的叶剑英，请他帮助买书，包括向张学良借书。其中一封信令我印象特别深刻，里面专门讲了一句话：买一部《孙子兵法》来。

斯诺在《西行漫记》中也记了一件事。他说有一阵子每天晚上都去见毛泽东，采访共产党的历史。有一次一个客人带了几本哲学新书来，于是毛泽东就要求他改期再谈。之后毛泽东花了三四夜的工夫专门读了这几本书，在这期间，他似乎什么都不管了。

进入北京城之后，毛泽东要求秘书做一件事：把商务印书馆和中华书局出版的所有书都给他配齐。当然，这很难做到。

毛泽东的个人藏书在1966年就达到了几万册，很多书都是反复批注过的。而且他还经常到图书馆借书。1958年，北京图书馆（就是今天的国家图书馆）换发新证，毛泽东的借书证是第一号。

我们可能看到过毛泽东卧室的照片，与其说是卧室，还不如说是书房，床的一半都给了书。

特里尔是写毛泽东传记的作家，他曾经说过一句话："毛泽东对外部世界所知甚多。他不间断地读书。本世纪中期没有任何其他一位世界领导人——甚至戴高乐都不例外——像毛泽东那样读那么多书。"

使命与思想

读书究竟为什么对领导者的成长至关重要？我的理解是，领导力的两个关键要素，都离不开读书。

首先是领导者的使命。几乎所有的领导者都是通过读书打开了自我，从而有了自己清晰的人生目标与追求。曾国藩到了北京以后才知道可以做圣贤，因而写下了"不为圣贤，便为禽兽"的座右铭，并因此走上了立德、立功、立言的领导力提升之路。

毛泽东小时候读的《水浒传》《隋唐演义》这些书中的故事，为他埋下了一颗革命的种子。而对他影响极大的一本书是《世界英杰传》，里面讲的是华盛顿、拿破仑、彼得大帝这些世界名人，让他有了做豪杰的志向。他跟朋友讲：中国也应该有这样的人。①

一个农村的孩子，之所以后来改变了中国，改变了世界，从见自己，到见天地，到见众生，其中一个重要原因是他在书中发现了更大的世界、更高的人生价值。

今天我们的创业者，也会经历从做买卖、做业务到做创造社会价值、推动人类进步的企业这样的转变，否则最多只能是草莽英雄。

读书可以拓展我们的眼光、境界、格局、胸怀。尤其是在今天这样一个动荡而不确定的时代，我们之所以焦虑，是因为我们只看到了眼前，纠结于一时一地的得失。读书的好处，是可以让我们跳出此时此地的限制，穿透一时一地的迷雾，从更大的格局、以更长远的眼光来把握眼前的各种扰动，从而把不解和不安化成豁然开朗和笃定从容，养成战略上的定力。

当然，读书不仅仅让我们明白此生该做什么，更重要的是明白该怎么做。

我们发现一个很有意思的现象，就是在企业尤其是创业企业中，高管经常围绕人、财、物等具体的事务安排吵得一塌糊涂，谁也不服谁。为什么？

因为没有一个统一的管理底层逻辑，对世界的认知不一样，思维方式和价值观不统一。所以我们吵来吵去，基本是鸡同鸭

---

① 高菊村、陈峰、唐振南、田余粮，《青年毛泽东》，中共党史资料出版社，1990年，第18页。

讲。如果我们统一了认知，统一了打法，统一了价值观，统一了底层逻辑，很多问题根本就不是问题。剩下的就是如何做得更好的问题了。

而这就需要我们从眼前具体的业务与事务中跳出来，形成统一的思想。

毛泽东为什么厉害？有思想。思想从哪里来？实践加读书。读书是不可或缺的。

我们当然可以自己去打拼，自己去摸索，自己去琢磨，自己去总结，一步步地积累自己的经验，但是我们会经历很多失败，遇到很多瓶颈，走很多弯路，浪费很多时间与资源。最后突然发现，自己接受的教训，别人早就已经接受过很多遍了，自己总结出来的经验，别人早就已经总结过很多遍了。

据说拿破仑被囚禁在圣赫勒拿岛时，偶然读到《孙子兵法》后大为感慨："如果早读过这本书，我就不会失败了。"

这个故事是真是假，已经无从考据，但一个人的经验和悟性总是有局限性的，天才也不例外。好的书，提供的是基于无数人的经验教训总结出来的规律和原则，让人可以更好、更快地理解自己和所处的这个世界，以及背后的逻辑。

毛泽东最伟大的地方在于，他是有思想的人。他为什么读书？读书的过程就是思考的过程。

他提炼出了思想，并统一了全党全军的思想。他的《中国革命战争的战略问题》，揭示出来的就是革命战争战略的底层逻辑，这篇文章影响了中共这个组织几乎所有成员对中国革命规律与战略的基本认知。里面全是浓缩的思想。

他在思想上统一了全党全军，这是他成为中共领袖的关键。共产党的胜利，首先是思想的胜利。一位领导者没有思想，是没法带队伍的，更成不了大事。

使命是做什么，思想是怎么做。这些都是管理的底层逻辑，而要理解这些都离不开读书。

管理者怎么读书

一是读经典，反复读。

今天是一个信息爆炸的时代，是一个变化极快的时代。每天都有大量的信息扑面而来，有大量的图书和文章诞生。面对这些，我们每个人内心都会有一种无所适从的感觉，想读书也不知道该读什么。其实越是在这样一个时代，越应该静下心来，回到经典，读一读经典的东西。

苏东坡有一句诗："旧书不厌百回读，熟读深思子自知。"一个领域的经典之所以是经典，就是因为很少有人对这一领域底层逻辑的思考和理解，能像经典这样透彻、深刻。这样的书，历史和现实都已经证明了它的价值，一定是值得我们去熟读、去深思的。

读经典，就是在跟大师对话。这是提高自己思维水平、构建管理底层逻辑的最有效途径。

二是用中读，读活书。

这个世界上有有字之书，还有无字之书。社会就是无字之书，是一部更大的书。

书中的道理来自社会实践，但并非社会实践本身。书所能揭示的道理，只是其中的一部分，况且再好的道理也有其局限。所以读书不能读死书。

毛泽东曾经讲："读书是学习，使用也是学习，而且是更重要的学习。从战争中学习战争——这是我们的主要方法。"[①] 读书一定要带着问题意识。最好的读书是联系实际来读，善于把书本中的普遍规律与我们的具体实践结合起来。

所以读书要避免两个误区。一个是片面的教条主义，认为书中说的都是对的，亦步亦趋。一个是狭隘的经验主义，认为书中内容都是书生之见，都是没有用的东西。

一本好书，可以教给我们的大多是基本的原则和理念，但原则和理念如何具体运用，需要我们自己去领悟。

没有人会只靠书本打仗，也没有人会只靠书本管理。凡是好书，提供的不是现成的行动指南，更不是唬人的谈资和包装，而是在总结经验的基础上，提供思维的启迪，包括对现象的洞察和对事物的判断。一句话，书提供的是活的智慧，而不是死的条文。

这就要求我们一方面要尊重和学习前人或今人的经验，以及在此基础上总结出来的规律；另一方面，也是更重要的一方面，是把这些规律创造性地运用到自己的管理实践之中，并在实

① 《毛泽东选集》（第一卷），人民出版社，1991 年，第 181 页。

践中发展这些规律。这才是管理者读书应该有的境界。

三是制度化，分层级。

读书给企业带来的影响不会立竿见影，而是潜移默化的，但又是战略性的、长期的。管理者读书，本身就是长期主义的表现，需要长期的投入与积累。

更重要的是，不能光管理者一个人读。管理者读书，境界与水平越来越高，若组织的其他成员不读书，管理者的思维与境界只会与团队差距越来越大，这对一个组织来说，反而可能是灾难性的。

所以好的管理者，一定不只自己读、带头读，更重要的是，让读书成为一种制度化的行为，成为打造学习性组织的一个重要手段，成为企业管理的一个重要组成部分。

我们前面讲过共产党的胜利是思想的胜利，这种思想是怎么落地的呢？就是靠制度化的学习，而且是一层一层地落地的。

毛泽东是领袖，他写了《中国革命战争的战略问题》这样一系列的思想性著作。作为东北野战军（后来叫第四野战军）的司令员，林彪在反复阅读毛泽东战略理论和思想的基础上，结合东北野战军的作战实践，提炼出了一系列战术理念，像大家都熟悉的“一点两面”“三三制”“四快一慢”“四组一队”等等。这就把毛泽东的战略思想，变成了可以具体操作的方法。

然后林彪亲自给纵队司令讲，纵队司令回去给自己的师长讲，师长回去给团长讲，一直往下，到班长给自己的士兵讲。这就全部打通、落地了。

什么叫“三三制”？进攻时三个士兵，成品字形的队形。一个士兵在前，两个士兵在后，叫前三角。两个士兵在前，一个士兵在后，叫后三角。一个班也是这样。一个班三个小组，一个小组在前，两个小组在后，叫前三角。两个小组在前，一个小组在后，叫后三角。一个排三个班也可以这样，一个连三个排也可以这样，依次类推，一个纵队三个师，也可以这样。理论上，一个士兵，能理解一个小组的打法，就能理解整个纵队的战术。上下全打通了，这才叫上下同欲，这就叫底层逻辑。

这给我们什么启发？不可能一本书包打天下。从总裁到员工都读一本书，听起来很美好，事实上不可行。毕竟企业中不同层级的员工，面临的问题是不一样的，需求是不一样的，理解能力也是不一样的，需要读的书也是不一样的。

高管需要的是理念、思想，而基层需要的是解决具体问题的操作性方法，所以读书一定要分层级。就像共产党那样，从毛泽东的思想，到林彪的战术理念，到士兵的具体打法，一步步落地。

读书一方面要制度化，一方面要分层级。总裁要带头读，带领核心的高管共同读一本书，统一理念和认知。

更重要的是，要学会把这些理念和认知与企业管理的实践结合在一起，形成自己具体的、有针对性的、可操作的打法，然后把这些东西一层层地通过制度化的学习分享给组织的每一个成员。

所以管理者的读书只是一个起点，还要消化、吸收其精华，并结合自己企业的实践提炼出自己的理念，变成企业员工可操作的具体方法，形成组织统一的底层逻辑。完成这样的过程，读书才能算结束。

这样读书，才是完整的企业读书。这样的学习，才是真正有效的学习。这样的组织，才能真正做到上下同欲。这样读书，才能既提升管理者个人的领导力，同时又打通企业的底层逻辑，从而带领企业走向真正的卓越。

主要观点

- 管理者领导力的层次，决定了企业的层次；领导力的高度，决定了企业的高度；领导力的境界，决定了企业的境界；领导力的导向，决定了企业的导向；领导力的局限，也决定了企业的局限。

- 一本书就是一个世界，读书的过程，就是帮助我们突破个体局限，发现和走进更大世界的过程。

- 一个人的成长，一个人的自我突破过程，很大程度上就是他的阅读史。

- 读书要避免两个误区。一个是片面的教条主义，认为书中都是对的，亦步亦趋。一个是狭隘的经验主义，认为书中内容都是书生之见，都是没有用的东西。

- 管理者的读书只是一个起点，还要消化、吸收其精华，并结合自己企业的实践提炼出自己的理念，并变成企业员工可操作的具体方法，形成组织统一的底层逻辑。完成这样的过程，读书才能算结束。

第四章 定力

回归管理的基本面

无论是在战场还是在商场，长远的胜利往往都是熬出来的。这就第一需要坚韧的意志，第二需要扎实的基础。真正的管理没有那么多的捷径可走，长远的胜利没有那么多的取巧可言。粗浅简单的东西都做不好，这样的组织，表面和一时再唬人，长远也是要出问题的。

所以真正的长期主义者一定是于大处着眼、小处下手的。长期主义者会确定一个长期的目标，然后以强大而持久的信念，坚忍不拔的定力，“不求近效，铢积寸累”，不偷懒，不投机，不取巧，一步步地从实处、小处入手打牢管理的基础，一步步地向目标迈进。

战争中，一方面要尽量把握那些确定的因素，并争取把不确定的因素变成相对确定的因素，另一方面还可以给对手制造不确定性，让对手陷入更大的不确定性。事实上，不确定性可以成为你的朋友，不确定的环境反而会给高手提供更多的机会，前提是你自己的思维必须能够驾驭这种不确定性，你的组织也必须是弹性的、柔性的、敏捷的。

变局时代的战略思维、决策定力以及静与暇[①]

兵战之石可攻商战之玉。战争堪称人类对抗的最高形式，战场智慧是被强检验过的高阶取胜之道。战争与军事可以为企业家与管理者提供一个独特的视角，从战争看竞争，从军事看管理。在今天这样一个变局时代，这一条尤其重要。

战略思维系统的 5 个关键词

尹晓琳：前阵子采访了一位投资人，他很喜欢潜水，偶尔会将潜水获得的认知反哺其投资方法论。但是他也提醒，这种互相映射要注意一点，不能在早期就做连接，否则反而会产生误导。等他认识到的事物本源性的一面足够多时，便会发现底层规律的延展性，自动联系到一起。

① 本文是《中欧商业评论》编辑尹晓琳对作者的访谈，原文刊于《中欧商业评论》2022 年 03–04 月刊。

回到您的研究，用兵法的智慧观照企业家的经营，这里面要注意哪些映射不通的地方？

宫玉振：隔行如隔山，不能机械套用；但隔行不隔理，不同领域背后的哲学共性很多。

军事和商业本身并不能直接对话，但如果把军事和商业都提到方法论的高度，方法论和方法论之间是可以对话的。比如军事和商业两个领域都充满了对抗与不确定性，都需要战略、组织、领导力、执行力这些打胜仗的基本要素。用北宋程颐的话说："天下之理一也，途虽殊而其归则同，虑虽百而其致则一。"

尹晓琳：大部分人遇到问题，一上来就想解决方案，不去想背后的底层逻辑。您会用哪几个关键词来形容自己的内在操作系统，如何搭建战略思维系统？

宫玉振：我是历史学专业出身，司马迁有一句话对我影响特别大："究天人之际，通古今之变，成一家之言。"管理者往往要关注眼前的事务性工作，因而很容易被一时一地的得失限制，而历史纵深感可以让人跳出这一局限，去把握哪些东西是可持续的，哪些东西只是一时喧嚣。

我的战略思维关键词主要有 5 个。

第一个关键词是"长远"。战略是今天所做的关于未来的决策，因此对长远趋势的判断非常重要。战略思维就是要以终为始，要坚持长期主义，要从中长期回头看眼前，坚持看 10 年、想 3 年、干 1 年。

第二个关键词是"全局"。战略性思考的一个基本特征就是大局观，是观照全局的意识和能力。战争最忌讳的是赢了战役，但输了战争。战略最忌讳的是盯着局部，但忘了全局。战略思维很大程度上就是全局思维。

第三个关键词是“博弈”。“战略”的第一个字是“战”，而战就是博弈。企业永远要以客户价值为中心，但如何更好地满足客户的价值需求，就需要引入竞争视角。

有人谈战略时完全不谈竞争态势与竞争策略，在我看来这不叫战略，最多只能叫规划。商业的所有选择都是在博弈之下的选择，在竞争环境下的选择。在博弈中，相对于对手的优势，才是真正的优势；优于对手的策略，才是最好的策略。没有竞争和博弈的维度，就不能叫战略思考。

第四个关键词是“取舍”。战略就是选择，而选择一定意味着放弃。有舍才能有得，大舍才能大得。要根据战略目标确定战略主要方向，以此进行战略资源集中，要抓主要矛盾和矛盾的主要方面。

第五个关键词是“协同”。不管是在战争中还是企业管理中，方向定了，接下来最重要的就是要发挥出整体的力量。为此，上级下级、前线后方、主攻助攻、内部外部，最主要的是做好战略协同，在意识、能力和架构上形成协同性的合力。

以前是爬山，现在是冲浪

尹晓琳：这两年您有没有哪些重要观点发生了改变，特别是在疫情的背景下？

宫玉振：过去我们讲战略，往往一旦制定了战略就可以管5年、10年。现在不行，我们今天所处的时代是一个动荡的时代，外部环境处于高度易变、不确定、模糊、复杂性中。

打个比方，过去定战略像爬山。山就在那个地方，相对静止，我们只要确立方向，规划好路线，接下来就是执行了。至于如何去，途中会遇到山坳，会判断不准，但大方向基本不变。现在，定战略从爬山变成了冲浪，没有一座固定的山在那儿，波浪一波一波的，战略的根基是动荡的。

这就导致两个变化：第一，战略和执行越来越密不可分，环境变化必须反馈到战略；第二，战略不再是一次性的，而要不断调整，更多变为试错、开放、探索的过程。

组织也是，过去军队的管理更多强调掌控，但今天失控是时代主题，过去的集中式管理正在变成分布式决策。

好在有一点，战争最大的特点就是不确定性。战争有3/4在迷雾中进行，能确定大概1/4就不错了。因此从军事角度理解不确定环境中的决策、领导力、组织、执行，反而会有一种得天独厚的优势。战争是研究战略的高地，战略最早便产生于军事。

尹晓琳：您刚刚提到战争有3/4在迷雾中进行，剩下的1/4能定胜负吗？确定性如何压倒偶然性？

宫玉振：我们必须承认人的理性是有限的，人对环境和趋势的认知能力也是有限的，没有人能够百分之百把握环境和趋势。

但你只要比对手理解得更多一点，就能取胜于人。

战争中，你一方面要尽量把握那些确定的因素，并争取把不确定的因素变成相对确定的因素，另一方面还可以给对手制造不确定性，让对手陷入更大的不确定性。事实上，不确定性可以成为你的朋友，不确定的环境反而会给高手提供更多的机会。前提是你自己的思维必须能够驾驭这种不确定性，你的组织也必须是弹性的、柔性的、敏捷的。

尹晓琳：在动荡的时代，事情的走向大概率不会按照规划好的路径发展，企业家该如何做好 best bad plan（最佳坏计划）？

宫玉振：《孙子兵法》讲，“不尽知用兵之害者，则不能尽知用兵之利”，如果不能认清一个行动和计划可能带来的潜在问题和风险，就无法把握这个行动与计划可能带来的机会和收益。

贪婪是人性的组成部分，过于乐观也是人类的通病。贪婪与乐观一叠加，就导致我们在制订计划、选择路径时，首先看到的一定是有利的、可行的一面。人往往会被貌似辉煌的前景吸引，忽略不利因素，而最后让我们一败涂地的就是这些东西。

优秀的企业家能在最乐观的气氛中保持适度悲观，安不忘危是高手在战略思维上的共同特质，必须清醒认识哪些因素会让你做不成事，才可能做得成事。

此外，军队打仗会留预备队，关键时刻顶上去，改变整个战略格局。说白了，就是要给自己留后手。

谋贵众，断贵独

尹晓琳：一种典型观点认为，核心洞察是少数人的事情，董事会制定不出伟大战略，一群人讨论出来的战略注定平庸。但您提过一个词叫作“分布式决策”，这两种观点矛盾吗？

宫玉振：并不是每个人都会有我们常说的雄才大略。有的人天生习惯于关注细节，有的人一上来就能抓住关键，人的思维品质确实是有差异的。在管理尤其是决策中，要避免群体思维带来的平衡化，不可从众。但是另一方面，即便再有战略洞察力的人，认知也有局限，要把个人的认知变成组织的认知。

决策要避免两个极端，一是刚愎自用，二是群体思维。

南宋时期的著名诗人辛弃疾，同时也是军事家，他在军事著作《美芹十论》中提到一条决策的原则，就是“谋贵众，断贵独”。“谋贵众”，讲的是在谋划过程中一定要多听。封闭是认知最大的敌人，要充分听取一线和下级的反馈，识别出下级的合理意见，并将其及时充分地纳入自己的战略决策，这就是“谋贵众”。“断贵独”，则是指在决策时，领导者必须自己承担做出最终决策的责任。

简单说，谋划时一定要开放，要卷入；但真正做战略决策时，必须自己拿主意。

尹晓琳：怎么理解华为讲的“要让听得见炮声的人来做决策”？这与“断贵独”是什么关系？

宫玉振：决策有战略、战术之分。在军队中，战略全局的决策一定是统帅和总部来做，不能说既然是分布式，那统帅就不做决策了，这属于统帅的失职；但战争充满了不确定性和偶然性，因此在作战的过程中必须给一线和下级临机处置的战术性决策权力，这就是华为讲的让听得见炮声的人做决策。

让听得见炮声的人做决策有一个前提，就是下级一定要充分理解上级的战略意图，下级的决策是在上级战略意图指导下做出的。让听得见炮声的人来决策，并不意味着下级可以不顾上级的战略意图而随心所欲地做决策，这属于越权。

在一个班或者一个排的职权范围内，班长和排长同样要执行“谋贵众，断贵独”。比如你是班长，关系到整个班的决策，你必须自己负责任，但是具体到班里的三个小组，在整体决策的指导之下，仗要怎么打，你得授权给他们。

所以分布式决策与集中式决策并不矛盾，而是相辅相成的。

像画油画那样，既入局又抽离

尹晓琳：您拆解领导力时提到非常重要的一点是必须有坚定的信念，因为相信所以看见，而不是因为看见所以相信。但很多企业家的问题是过于“相信”，变成执念，怎么平衡?

宫玉振：信念是企业家成功的必要条件，但不是充分条件。信念必须建立在理性分析的基础上，否则就会变成执念，甚至妄念。

优秀企业家本身就“雌雄同体”、阴阳平衡、既感性又理性。

一方面对事业和未来充满信心，另一方面对自己的能力边界有清醒的认知。他可以用感性的一面动员团队、鼓舞士气，在做战略决策的过程中又极其理性。

尹晓琳：您建议企业家如何保持对全局的感知力，而不是局限于单一视角，如何获得镜子和光？

宫玉振：曾国藩有 16 个字的方法论值得企业家借鉴，“当局则迷，旁观则醒；事前易暗，事后易明”。

“当局则迷，旁观则醒”，说的是企业家要保有一种从事务性工作中抽离出来的能力，随时从旁观者的角度看自己，保持一种全局意识。

这就像画油画，既要进去画，这叫入局，又要随时退出来看，这叫出局。这种入局和出局、当局和旁观的不断转换非常重要。并非旁观者的智商比当局者高，而是旁观者不受胜负得失影响。当局者为什么容易糊涂？首先，人有了患得患失之心，看问题就没那么清楚；其次，一个人一旦有了自己的方案，就会忽略他人的反应。

“事前易暗，事后易明”，是强调总结与复盘。任何事，你在做之前总是糊涂的，做过一遍，有感觉了，再做第二遍就摸着规律了，第三遍就驾轻就熟了。所以事后的复盘很重要。复盘是不断提升自己认知能力的最好办法。

尹晓琳：关于“一号位”寻找“二号位”或者建立幕僚团队，您有哪些建议？

宫玉振：最核心的两个字是“互补”。比如，解放战争时期华东野战军陈毅与粟裕的搭配。陈毅的特点是全局能力强，政治素养高，心胸开阔，有强大的人格魅力；而粟裕则在军事指挥方面有过人的才能。中央把陈毅和粟裕放在一起，两个人的分工也很清楚：陈毅负责全局，具体的战役指挥则由粟裕负责。

这样一来，人际协调、政治思想、后勤保障，这些陈毅擅长的事情，由陈毅来管，粟裕则专心考虑他擅长的作战指挥。只要粟裕做了战役指挥的决定，陈毅绝对支持和尊重，出了问题一起承担责任。两人珠联璧合、优势互补，称得上“一号位”和“二号位”的黄金搭档。

尹晓琳：管理学者常与一线企业打交道，您怎么在跟企业打交道的同时，保持抽身而出的反思性和批判性，既足够多地了解一线企业的现实，又保持学者的独立性？

宫玉振：管理学是实践性学科，必须是真实世界的管理学，不是象牙塔里的思辨，因此研究必须植根于企业的实践，从实践中来，到实践中去。

如何保持独立性？这个问题说白了还是管理学者自我定位的问题。企业家擅长实干，这些经验对于管理学者来讲特别重要，但是单一企业的经验总是有限的。管理学者的任务，第一是要帮助管理者把碎片化、个性化的经验做结构化的梳理，第二是跳出具体经验的局限，研究多个案例，提炼出一些客观的、具有共性的规律和原则，更好地指导管理者的实践。

静与暇的节奏感

尹晓琳：还有一个很关键的问题是关于节奏感的。赢在一时可能不如赢在最后、赢在长远，您从军事学的角度出发有什么建议？

宫玉振：节奏感的关键就是四个字——轻重缓急。轻重讲的是力度，缓急讲的是时间。节奏感的背后，组织的发展是有阶段的，力量的消长是有规律的。

作战特别看重节奏。《曹刿论战》中说，“一鼓作气，再而衰，三而竭”，讲的就是节奏感。当年左宗棠阻遏俄、英侵略新疆的战略方针是先北后南、缓进急战。缓进，强调的是在进军的时候要缓慢，包括后勤保障、人员训练、适应环境都需要时间。一旦完成资源整合，就要急战，不给对方留还手之机，在最短的时间内解决问题。

从战争角度讲，保持节奏感需要把握几个关键的关系。第一是先与后的关系，“先”要为“后”创造条件、打好基础，“后”要建立在“先”的基础上，保持先后衔接，形成叠加效应。第二是快与慢的关系，左宗棠的“缓进急战”就是有快有慢，有时候，慢下来才能更好地快起来。第三是攻与守的关系，一个阶段的重点在于发展，下一阶段可能就要巩固，有时要迅速进攻，有时又要学会防守。

除此之外，还要打乱对方的节奏。在抗美援朝战争中，美军就靠数据分析得出志愿军的“礼拜攻势”规律——当年志愿军的后勤补给困难，致使作战物资往往只能支撑一周的作战行动。一旦粮食和弹药消耗殆尽，攻势就只能被迫停止，这就是节奏。美军由此发展出磁吸战术，志愿军进攻的时候美军不硬顶，而是贴着志愿军，志愿军攻他们就退，等到志愿军的“礼拜攻势”接近尾声时，美军突然反扑，往往就会给志愿军造成损失。既要打出自己的节奏，还要分析和利用对方的节奏。

尹晓琳：您出版过《曾国藩领导力十二讲》，曾国藩一生推崇一个“静”字。企业家应该如何保持自我平衡，既集中战略资源，又养得一身静气？

宫玉振：每逢大事有静气，是领导者应该有的心理素质。在动荡时代，这一条尤其重要。养得静气，非常重要的就是不要让焦虑、慌乱和心理压力主导你的认知和决策，而是在任何情况下都要保持冷静的头脑，保持镇定的心理，静幽正治，谋定后动。

除了“静”字，曾国藩还强调一个“暇”字，强调从容不迫、不慌不忙。所处的环境那么动荡，行军打仗那么紧张，但他仍然每天写字、下棋，这是一种很好的自我平衡。

美国摄影记者罗伯特·卡特说：“像蚂蚁一样工作，像蝴蝶一样生活。”这句话我特别喜欢。在最功利的时代也不要忘了跟自己对话，在最动荡的环境也要用心去感受生活的鲜活、自由与丰满，这也是一种节奏感。

主要观点

- **战争最忌讳的是赢了战役，但输了战争。战略最忌讳的是盯着局部，但忘了全局。**
- **相对于对手的优势，才是真正的优势；优于对手的策略，才是最好的策略。**
- **战略就是选择，而选择一定意味着放弃。**
- **战争中，一方面你要尽量把握那些确定的因素，并争取把不确定的因素变成相对确定的因素，另一方面还可以给对手制造不确定性，让对手陷入更大的不确定性。**
- **优秀的企业家能在最乐观的气氛中保持适度悲观，安不忘危是高手在战略思维上的共同特质。**
- **决策要避免两个极端，一是刚愎自用，二是群体思维。**
- **让听得见炮声的人做决策有一个前提，就是下级一定要充分理解上级的战略意图。**
- **信念必须建立在理性分析的基础上，否则就会变成执念，甚**

至妄念。

- **节奏感的关键就是四个字——轻重缓急。轻重讲的是力度，缓急讲的是时间。**

- **每逢大事有静气，是领导者应该有的心理素质。在动荡时代，这一条尤其重要。**

大变局时代，企业家如何把握管理的长期主义[①]

面对困境，企业家要避免蛮干的冒险主义，切忌不顾形势硬拼。要知道什么时候进，什么时候退。而进和退之间有一条是不变的，即人的理念和信仰。

如何理解百年未有之大变局

问：从历史的维度，我们该如何理解百年未有之大变局？

宫玉振：在我看来，对于百年未有之大变局可以有三重理解。

第一重，是自公元1500年以来，一直是西方在塑造世界格局，但20世纪下半叶亚太地区重新兴起，到今天亚太的崛起已经成为事实，世界格局正在发生巨大的变化，有人称之为“东升西降”。

---

① 本文根据北大国发院和腾讯新闻联合策划出品的“全球经济十一问”系列视频中对作者的专访整理而成。

第二重，是自 20 世纪 70 年代开始的这一波全球化浪潮目前正处在深度调整期。有观点认为逆全球化趋势已经开始，这也是一项大的变动。

第三重，是通过 40 多年的改革开放，中国经济迅速发展。中国正在迈向中华民族复兴之路。无论对于中国还是世界来说，这都是历史性的事件。

总之，三大变动汇到一起，构成了我们今天的百年未有之大变局。这种大变局对于中国来说，可以说是机遇与挑战并存。

从内部来看，中国经济发展起来了，但社会该如何均衡发展？比如腐败问题、贫富分化问题等等，都是未来高质量发展所面临的挑战。能否解决这些问题，事关中国能否实现持续发展。

从外部来看，一方面是“东升西降”的态势非常明显，但另一方面“西强东弱”的总体格局还没有改变。

随着中国的不断崛起，主要大国以及一些周边国家的对华政策也在不断调整，进而影响了中国周边乃至全球的国际秩序。这也是中国必须应对的一大挑战。

问：中国的崛起让国人信心大增，但西方对中国崛起的态度较为复杂。纵观历史，新兴大国和守成大国之间和平交替的案例不太多，为什么会这样？

宫玉振：这是一个很有意思的历史现象。

回顾过去 500 年的历史，守成大国和新兴大国之间能和平地完成权力更迭的案例并不多见，占比不到 30%。曾有人统计过，在历史上守成大国和新兴大国的 16 次权力更迭中，有 12 次是通过战争方式完成的。今天很受关注的一个热词“修昔底德陷阱”就是由此而来。

为什么守成大国和新兴大国往往通过冲突或战争的方式来解决双方的权力更迭问题，因而陷入“修昔底德陷阱”？其中很重要的一个原因，就是守成大国往往认为新兴大国对以它为代表的秩序构成了挑战和威胁。

对守成大国而言，既有的国际体系和秩序本身就是其国家利益的组成部分。换言之，守成大国的国家利益本身就是靠既有的国际体系和秩序来维护的。而在守成大国看来，新兴大国的崛起必然会对这个秩序形成冲击，因此守成大国往往会采取比较激烈的方式来维持旧有秩序。这是造成大国冲突的一个很重要的原因。

企业家如何在变局和不确定环境下做决策

问：您对长征，特别是四渡赤水很有研究。四渡赤水充分体现了毛泽东和中央红军不断应对变局甚至制造变局的相机决策能力。在今天这样一个多变、不确定的商业环境中，企业家如何能更好地判断时局，培养和提高自己的相机决策能力？

宫玉振：今天的决策环境和以前有很大不同。有个专门的词来形容今天的环境，叫“乌卡时代”。

过去的决策环境犹如登山。山就在那里，是相对静止的。作为领导者，你只需要确定好目标、规划好路线、准备好资源，然后带领团队持续攀登就好。

今天的决策环境更像冲浪。也就是说没有固定不变的“山”，大势的变化犹如一波又一波的“浪”。我们无法预测下一个浪、再下一个浪什么时候来，会带来多大冲击。今天的战略环境呈现出了更大的动态性、不确定性。这是我们必须接受的一种状态。

在这样的背景下，企业家要学会调整自己的战略思维，掌握新的决策模式，这一点非常重要，这也是做好决策的一个重要前提。

要掌握新的战略决策模式，首先必须有意识地提高自己的认知能力。过去的战略环境相对稳定，企业家只需要考虑市场本身即可。今天有很多不确定因素来自市场之外，比如国际关系的调整、国家政策的变化、技术的突破性发展等，这些变化可能让一家企业过去的优势瞬间化为乌有。

在这样的背景下，企业家必须提升认知层次，必须学会从综合的角度理解市场现象，做出自己的决策。

当前环境的变化速度远超以前任何一个时代。过去企业制定了战略，可以管 5 年、10 年。如今做一项决策，可能不到 1 年就已经过时了。

因此，企业家适应环境变化的能力就变得非常重要。企业家不能仅仅执行事先制订好的计划，而是必须依据对环境的动态把握来做决策，要学会随机应变。战略决策要保持柔性、弹性、灵活性，要对未来的机会保持开放性。

如何处理随机应变与战略定力之间的关系

问：作为企业家，有一定的计划能力、夯实核心竞争力也是基础，那么，柔性决策的环境和原有的计划性核心竞争力之间是什么关系？

宫玉振：国发院有一门跟四渡赤水有关的课程，学生们在四渡赤水的学习过程中，感受不确定环境下"变"与"不变"两者的辩证关系。

四渡赤水在作战层面是不断变化的，因为客观环境在不断变化，当时的决策也完全是随机应变的，决策者必须根据敌情、地形随时调整作战方案。四渡赤水先后转变了十几次作战方向。

但四渡赤水的过程中有一个相对稳定的战略意图，那就是最终要到四川与张国焘、徐向前的四方面军会师。正是因为这一相对稳定的战略意图，四渡赤水就有了轴心，不会变成战略的漂移。

所以好的战略必须具备两方面要素。一方面，一定要有清晰的战略意图作为行动的基本框架。这样的战略意图可以为组织的行动提供一个大致的范围和总体的方向。另一方面，在行动方案中，还要给种种偶然性和不确定性留出足够的随机应变、临机处置的空间。

环境是不确定的，人的理性也是有限的。没有人对大势的理解能够一步到位，没有人从一开始就能看清所有细节。所以在今天这样一种不确定的环境下，你的战略一开始往往最多只能是一个框架、一个假设、一个初步的计划。最终的路线，是在对环境的动态把握过程中一步步明晰起来的。

当然，战略意图的稳定只是相对的，从长远来看也会变化。就像红军长征到了川西北，发现这个地方不适合建根据地，所以后来做出了继续北上的决定。由此可见，战略意图也是可以随着客观情况的变化而变化的。

相对稳定的战略意图之上，还有一个不变的东西，那就是共产党的使命与愿景。无论决策如何变化调整，共产党的使命还是要解放全中国，要建设共产主义，这是不变的。

所以不确定的战略决策，大致可以分为三个层次：根本性的组织使命、阶段性的战略意图、眼前的行动选择。

使命是不变的，战略意图是相对稳定但又可进行阶段性调整的，而当下的行动则要随机而变。

在不确定的环境下，很多企业家会有一种焦虑感，这很正常。他们之所以焦虑，主要还是因为对自己的使命、愿景缺乏真正清晰的认识和坚定的信念。一旦对这方面有了清晰的认知和坚定的信念，决策者就会明白：虽然眼前的道路充满了曲折，但组织的前途一定是充满光明的。

坚信前途是光明的，对于奋斗路上的艰难险阻，决策者就会从心理上做好充分接受的准备了。因为只有通过曲折的道路，才会最终通向光明的前途。

问：不断变化的客观环境，反射到个人层面可能更加令人纠结。面对这种纠结，今天的年轻人该何去何从？怎样做才能更好地适应或引领这样一个时代？

宫玉振： 的确，人的本性是渴望确定的，未来的不确定会给每个人的心理都带来压力和彷徨，一些年轻人也可能因此陷入迷茫。对此，我有如下建议。

第一，今天就是一个剧烈变革的时代，就是一个不确定的时代。这个时代唯一不变的，就是变化本身。所以，拥抱变化是每个人必须具备的基本心态和生存技能。这既是我们这个时代的本质特征，也是与农耕时代和工业化时代最大的不同。

第二，在这样一个时代，我们最需要的能力是学习能力，特别是在拥抱变化基础之上不断自我迭代的能力。我们之所以会焦虑，主要是担心自己的知识、认知和积累在时代的变化面前会变得过时。知识会过时，学习能力永远不会过时。具体的公司可能会倒闭，具体的岗位可能会消失，但你只要具备强大的学习能力，不断提升自我，就永远会有施展才能的新机会。

第三，越是在不确定的时代，越需要有清晰的人生使命与愿景。要想清楚自己究竟想要怎样的人生。只要想明白这一点，做自己热爱的事情，跟着自己的心而动，就不会被外在的环境扰乱。

越是在变化的时代，越需要找到自己内心深处不变的东西，这一点至关重要。

曾国藩能给企业家带来什么启示

问： 您开了一门课专门讲晚清军事家、政治家曾国藩。对于今天的企业家而言，学习曾国藩还有意义吗？他有哪些地方还值得学习？

宫玉振：曾国藩身处晚清这样一个大变局时代，在我看来，曾国藩身上有两条值得今天的企业家学习的东西。一是卓越的自我管理，二是卓越的团队打造。

首先是卓越的自我管理。

曾国藩并没有过人的天资，也不是什么天才，然而他的成就要远超那些聪明人，这很大程度上得益于他的自律与自我成长。他的一生就是不断精进、不断成长、不断提升领导力、不断突破自我的过程。

自我管理是组织管理的前提。一个人最终能够成就多大的事业，根本上还是取决于自身的修为与境界。

其次是卓越的团队打造。

曾国藩能镇压太平天国运动，依靠的是湘军。湘军最早是"团练"，是体制之外的地方性武装，不是国家的正规军。当时国家的正规军是八旗和绿营。但是曾国藩在很短的时间内就把湘军由草根起家的乌合之众，打造成了那个时代最有凝聚力、最有战斗力的部队。

企业家都希望自己手下有这样的团队。湘军究竟是如何炼成的？曾国藩抓住了哪些核心要素？这些都是管理者所关注的话题。

所以我们今天讲曾国藩，不是让大家回到那个历史时代，而是借曾国藩和湘军的案例，探讨在动荡的变局时代究竟如何才能成为一名好的管理者、如何才能打造一个好的团队这些管理中最基本、最核心的话题。

时代在变，但管理的深层逻辑并没有改变。

企业家该如何理解困境中的机遇

问：对于今天陷入经营困境的中小企业，您有何建议？这些企业该如何突破困局？

宫玉振：我经常和企业家讲一句话，困境是企业和企业家的成人礼。

历史上那些伟大的组织，往往都是在困境中成长起来的。一个组织卓越的根基，也往往是在困境中锤炼出来的。为什么？

平常情况下，组织和个人都会有惰性和惯性。而在困境中，优秀的领导者可以最大程度地调动和发挥自身与团队的潜能。最苛刻的环境反而会逼出企业内在的生存潜力，逼着企业升级自己的竞争优势，去杀出一条血路，从而与对手拉开距离。

所以，困境给那些有能力、有抱负的人和组织提供的，反而是最好的成长机会。

从决策上来说，从困境中突围，需要把握以下基本原则。

一是以舍为得。人的天性，总是会留恋过去的辉煌。当困境来到的时候，一定要明智地认识和承认处于困境的事实，必须果断舍弃过去的舒适、过去的成就、过去的地盘。不能因为感情上的难以割舍而做出不理性的选择。活下来才是王道。为了成功地活下去，在必要的时候一定要大胆割舍，从而保证企业的生存。

二是因势利导。以舍为得只是手段，接下来的关键是要认清并找到新的大势。企业之所以陷入困境，大部分时候都是因为形势发生了变化。一波大势落下去，总有一波大势会重新起来。大势是不同趋势的组合，每一次危机背后都隐藏着一个转折点。谁把握住这个机会，谁就可能在未来实现迅速的成长，关键是要在整体的逆势中找到新的有利的大势。所以企业家需要密切关注形势的变化，准确地找到新的大势。

三是集中资源。一旦找到新的大势，企业家需要果断地集中资源，在新的大势刚刚出现之时，就果断地切进去。这样就可以把战术性的机会，变成战略性的突破。

四是主动灵活。企业家在这个过程中还要学会灵活处事，根据环境的变化随时调整方案和计划，动态把握团队决策。

在决策和战略层面，应当注意把握以上原则。但是，再好的战略也需要领导力才能落地。困境突围，领导力也至关重要。

何为困境领导力？

首先是坚定信念。遭遇困境的时候，普通人的特点是很容易恐慌。在困境中，所有人都可以恐慌，领导者绝对不能恐慌，所有人都可以沮丧，领导者不能沮丧。身为领导者，必须把信心传递给组织的每一个成员。没有绝望的形势，只有绝望的人。形势永远不会令人绝望，除非是你自己放弃希望。因此领导者必须有坚定的信念和强大的意志。

其次是鼓舞士气。士气是一切战略战术的基础，而困境中每个人都往往不得不经历心理上的大逆转。那些将组织从崩溃的边缘拉回来的领导者，一个共同的前提行动就是恢复了组织的士气，所以鼓舞士气是困境中领导艺术的重要内容。

再次是同甘共苦。管理者不能期望下属做自己不愿意做的事情。分担下属的苦难，和下属一起战斗，与下属同甘共苦，这样的行动在困境之中比任何语言都要重要。要用实际行动告诉每一位团队成员，团队就是一个命运共同体，需要同生死、共患难。只有这样，决策者才能赢得下属的信任。

最后是价值驱动。越是身处困境，团队的价值观就越重要。历史上的土匪和军阀从来打不了硬仗，雇佣军也是如此，因为这些人都是有利而来、无利而散。特别是在形势不利的时候，这些人散得比谁都快。越是在困境中，共同的价值追求所形成的凝聚力越为深刻。红军为什么可以取得长征的胜利？最关键的一点是，这是一支有理想、有信仰的队伍。

对有些人和组织而言，困境意味着绝境。然而对另一些人和组织而言，困境是凤凰涅槃和重新成长的机会。

问：纵观战争史，很多将军在陷入困境后，要么选择投降，要么选择硬拼。这种孤注一掷式的方式，反而让很多人失去翻盘机会，被敌方打得全军覆没。所以陷入困境的决策者，最忌讳什么？最容易犯的致命错误是什么？

宫玉振：前面我们讲困境中领导者和团队的信念、信仰和理想非常重要，但在具体的战略决策中，则必须坚持清醒的现实主义。

信仰上的理想主义和战略上的现实主义，两者之间并不矛盾。四渡赤水和长征，有时看起来像是一种撤退，但今天的撤退是为了明天更好地进攻，更好地实现组织的理念和目标。

撤退也是战略的组成部分。形势有利时要积极进取，形势不利时要学会撤退。不会撤退的将军绝对不是一名好将军。

在这个过程中要避免两个极端：一是投降主义，遇到困境就沮丧，就放弃，就投降；二是冒险主义，不顾形势、客观环境、实力对比，一味蛮干、硬拼。

好将军会根据形势的变化，知道何时该进，也知道何时该退。但进和退之间有一条不变的原则，那就是组织的理念和信仰。

中小微企业如何理解和把握这个时代

问：策略往往都要基于自己的相对实力。在今天这样一个大平台众多且强大的时代环境下，很多中小微企业相对而言要弱小很多，而且处在夹缝中。这些中小微企业该如何选择自己的战略？

宫玉振：平台企业的背后是数字化大潮。一波新的大势还没有开始的时候，其影响力往往会被无视。但新的大势一旦风起潮涌，其影响力又很容易被高估。

虽然数字化正在重塑我们这个时代的产业，但也要避免过于夸大数字化的影响。数字化正在改变我们的商业逻辑，但这并不意味着传统商业力量尤其是中小微企业的生存空间就要被全部挤占。今天，我们有很多线上线下结合的案例就非常典型。

数字化始于线上，但是线上无法完全代替线下。不仅如此，线上还必须把线下纳入其体系，许多互联网电商早已按照传统的商业模式布局线下。这种线上线下结合的商业格局是经过互联网数字化改造的商业格局，但并不能完全代替线下。

从这个角度而言，许多中小企业其实依然有空间和机会。数字化不是中小企业的“机会杀手”。

中小微企业如何生存？在立足自己优势的同时，要学会迭代更新。应对数字化的冲击，最好的办法就是主动迭代。

在这方面，我认为中小微企业可以做三件事。

一是向下深挖自身潜力，夯实自身基础。无论技术和商业模式如何变化，“一切以客户为中心”的商业经营本质始终没有变。中小微企业只要坚持以客户为中心、为客户提供好服务，无论外界环境如何变化，就都有生存的空间。

二是不断向上迭代升级。中小微企业在主动升级迭代的过程中，在已有优势的基础上，可以进一步发展出一种复合的、动态的优势。

三是强化横向联系。对中小微企业而言，如果无法抵御来自大平台的冲击，不妨选择加入一个更大的平台。任何企业和平台的扩张都有边界，也需要合纵连横、整合资源。企业生态一定不会仅由一家企业构成，而是无数家企业的联合体。正所谓“你中有我，我中有你”，加入一个更大的平台或体系，中小微企业可能获得更好的发展机会。

大企业的致命挑战通常来自哪里

问：企业一旦做大，一方面可能变得组织臃肿、官僚主义、效率低下，另一方面可能热衷扩张而降低了产品迭代的速度，甚至出现垄断问题。在您看来，以上两种情况哪种更容易引发问题？

宫玉振：船小好掉头，小企业最大的优势可能就是机动灵活。企业一旦到了一定规模，就容易出现官僚化的问题。这是很多企业希望摆脱，偏偏又很难摆脱的陷阱。

当然，也有些企业在这方面做得很好，通过不断地自我革新、自我迭代，让组织充满活力。不过总体来说，对于大企业而言，这确实是一项巨大的挑战。

企业做大后的第二个挑战，就是会面临垄断的诱惑。垄断可以为企业带来更好的市场地位和更大的利润，但也可能给企业带来更大的风险。

企业官僚化影响的是企业本身，这还是经营层面的问题。垄断除了会使企业丧失创新与迭代的动力，还会产生巨大的外部影响，可能会给行业、社会甚至国家政策带来冲击，进而变成政治性问题。

大企业对上述两方面的问题都需要警惕，在我看来，后者可能更加致命。

企业该如何理解跨文化冲突与融合

问：中国企业在出海的过程中，如何更好地融入当地文化，减少文化冲突？

宫玉振：更好地融入当地文化、减少文化冲突，的确是中国企业在国际化过程中的一门必修课。

跨文化领导力的关键是“文化情商”。有三个关键词值得企业关注。

首先是“理解”。出海企业一定要深入认识和理解当地的文化，这是前提。

其次是“尊重”。出海企业一定要遵守当地的法律、法规，尊重当地的文化习俗，这是关键。

再次是“融合”。人总是习惯于从自己的文化来看待别人，但出海企业一定不能过于以自我为中心，一定要以开放的心态来进行文化的融合。

中国传统文化中有许多优良的理念，比如“和而不同”“己所不欲，勿施于人”，这些基本理念对走出去的中国企业很有借鉴意义。

任何一种文化都有其优点和局限性，身处多元文化环境中的中国企业，应在立足企业自身文化的基础上，充分尊重和吸收本土文化精华。切忌用单一的文化模式和心理状态，处理国际化过程中出现的文化冲突问题。

问：改革开放40年来，中国对来华经营的跨国公司给予了充分的包容，体现了我国文化的包容性和融合性。然而在中国企业走出去，到非洲、美洲这些地方建厂，以及在很多合作并购的案例中，我们文化的包容性反而没有体现出来，这是为什么？

宫玉振：外企进入中国有很多成功的案例，但失败的案例也不少。

复盘外企的失败案例，我们能从中吸取一条非常重要的经验，即尊重本土文化的核心价值观。这是一家企业成功融入异国文化的关键。

文化之间肯定会存在差异，但文化应该是平等的。国际化过程中最忌讳的是产生文化优越感。好的文化心态，应该是自信包容、不卑不亢。

自卑式的包容不是真正的包容，自大式的自信也不是真正的自信。真正自信的文化，一定是包容的文化。真正的包容，也一定要建立在健康的自信基础上。

企业家该如何对待家族企业的传承问题

问：经过几十年的发展，很多中国企业已经进入“企一代”向“企二代”交班的时刻。许多中国家族企业、民营企业的接班人都选择到北大国发院商学院学习培训，对此您有什么观察和建议？

宫玉振：这是一个非常重要的问题。有一个统计数字，未来5~10年，中国约有300万家大中型民营企业将面临家族传承问题。毫不夸张地说，传承的成败将直接影响中国经济发展的基本面。如何做好家族传承，不仅关系到企业本身，更关系到国家经济的发展。

从国际上的经验来看，企业家族传承的成功率并不高。美国曾有过统计数字，第一代家族传承成功的概率约为30%，第二代是13%，到第三代这一数字已经降至3%。这表明不只是中国的家族企业，世界各国的家族企业都面临着同样的挑战。

有些企业传承得好，有些企业在传承过程中出现很大问题。比如父子之间闹矛盾等，这不仅影响企业形象和内部管理，严重的话还能把企业拖入困境。

在我看来，那些传承得好的家族企业主要做对了以下几点。

一是制订好家族传承的计划。家族企业传承成败的关键在于接班人。接班人第一要有能力，第二要有意愿，只有这样才能更好地完成家族企业传承。

家族企业传承面临的最大挑战是接班人的选择范围非常有限，往往只能是自己的几个子女，而且很多企业家只有一个子女。这与外部接班人的选择空间完全不能比。

到底是采取内部传承还是外部传承？家族企业的创始人一定要想清楚这个问题。如果子女有接班的能力和意愿，内部传承当然是很好的选择。但如果子女确实没有能力，或者没有意愿接班，家族企业的创始人要及时考虑外部传承的可能性。无论哪种方式都不影响家族企业的性质，只是经营方式会有不同。

二是在家族企业传承的过程中，一定要避免出现大的家族矛盾。家族企业既是家族在物质层面的财富，也是家族的情感财富，这是它与其他类型企业最大的不同。家族企业是家族的情感象征，如果因为某种矛盾而伤害了情感，家族往往会出现很大的问题。

因此，家族企业的传承一定要对可能引发的问题做出充分的研判，一旦引发矛盾必须及时处理。家族企业传承应该采取制度化的方式，成立一个类似家族办公室这样的机构，甚至可以制定“家族企业法典”，从制度层面来解决家族内部矛盾。这样一来，家族企业传承中出现的问题就摆脱了人治，不再被个人偏好左右。

三是家族企业传承一定是逐渐推进的过程。人的成长需要过程，家族传承也是如此，需要经过准备期、导入期、接手期和转型期等几个阶段。家族企业创始人一定要清楚，人的领导力和管理能力不是一朝一夕就可获得的，也无法因血缘关系的存在就会遗传。

我们常说，将军不是生出来的，也不是选出来的，而是打出来的。企业一旦选定了接班人，就一定要给其提供足够的锻炼机会，令其在真实的商业世界中不断历练，一步步从基层成长起来。与此同时，家族企业创始人也需要逐步放权，不断给接班人更大的空间。

四是接班人也要摆正心态。家族企业之所以有这样的成就，主要得益于第一代或者老一代创始人的贡献。接班人应该对父辈企业家表现出足够的尊重和感恩，要发自内心地认可，这一点非常重要。

一旦接手家族企业，接班人也不要过于激进，一定要在权力过渡期体谅并兼顾父辈企业家的心理变化，尊重他们的成功经验。家族传承不是革命，是在继承的基础上接续发展，最终完成家族企业的全面转型。

企业家面向未来的关键能力是什么

问：面向未来，您对企业家或者管理者的首要建议是什么？

宫玉振：我最想对企业家们说的是，在大变局时代，学习能力是企业和个人唯一靠得住的能力。我相信大家都能理解这句话的含义，因为我们身处一个不断升级迭代、不断突破个人认知的时代。在这种背景下，学习能力是个人不断突破自我最主要的一种能力。

国家面对世界变局的关键原则应该是什么

问：百年未有之大变局不会轻易地结束，大国关系最为关键，您有何建言？

宫玉振：我对未来的大国关系，尤其是中美关系不是很乐观，短时间内不容易看到中美关系明显缓和的迹象，甚至在有些方面可能还会对抗升级。拜登政府会拉拢各种各样的力量，纠集各种各样的反华网络，利用从价值观到地缘政治等各种各样的手段，全方位从安全、经贸、科技、外交等领域加强对中国的遏制，以确保美国在全世界的领先和主导地位。如果拜登的政策得到落实，中国可能会面临更大的压力。

中美之间的矛盾是结构性的。长远来看，只要美国不放弃打压中国的战略企图，中美之间的斗争就注定是持久战。这是不以中国的意志为转移的。

大国的崛起需要三个要素：实力、耐心、合法性。中国还是发展中国家，对于中国来说，最大的国家利益就是继续发展。因此在国家战略层面一定要基于长远的战略利益，从有利于发展的大局出发，放眼世界，以我为主，保持好战略定力，把握好战略节奏，不犯战略性的错误。面对美国的打压，要敢于斗争，还要善于斗争，有所为有所不为，做到有理、有利、有节，做好最坏的准备，争取最好的可能。不挑起对抗，但也不惧怕对抗。既斗争，又合作。

尤其是要通过进一步的改革开放，利用和强化各国与中国的共同利益，把原则性和灵活性结合起来，趋利避害，在国际上争取更多的支持者或者中立者，以挫败美国孤立中国的企图，化解美国打压中国的压力，为中国的长远发展创造最有利的战略环境。

主要观点

- 唯一不变的，就是变化本身。所以，拥抱变化是每个人必须具备的基本心态和生存技能。
- 知识会过时，学习能力永远不会过时。
- 越是在不确定的时代，越需要有清晰的人生使命与愿景。
- 曾国藩身上有两条值得今天的企业家学习的东西。一是卓越的自我管理，二是卓越的团队打造。
- 困境中领导者和团队的信念、信仰和理想非常重要，但在具体的战略决策中，则必须坚持清醒的现实主义。
- 自卑式的包容不是真正的包容，自大式的自信也不是真正的自信。真正自信的文化，一定是包容的文化。真正的包容，也一定要建立在健康的自信基础上。

找出对的事情，并做好基本功：如何打造胜利之师[①]

只有纸上谈兵的人，才会有“不惜一切代价发动总攻，必须打赢决战”的错觉。

“胜利之师”的统帅从不幻想一马飞跃。打一场胜仗，关乎目标设定、资源投入和方案谋划，需要提前发力、适时加力，需要长期主义。

胜利之师的基本面

CBR（《中欧商业评论》）：管理者都想打造胜利之师。如何打造一支胜利之师？胜利之师有哪些基本要素？

宫玉振：胜利之师具备四种特质——激励人心的理念、充满活力的组织、能征善战的人才、追求卓越的文化。

第一是激励人心的理念。胜利之师一定有清晰的使命、愿

① 本文根据《中欧商业评论》2022 年 5 月 6 日对作者的访谈整理而成。

景、价值观，并且得到所有成员的认可，这是胜利之师的灵魂。

第二是充满活力的组织。组织能力是胜利之师的基础。新手重打仗，老手看组织。新手看重打眼前的胜仗，老手看重的是组织能力的打造。组织能力决定你能不能走得更远，能不能打更大的仗，而组织无论多大规模，都一定要充满活力。

第三是能征善战的人才。精兵强将、训练有素、能征善战，任务才能落地。

第四是追求卓越的文化。组织应该作风优良、敢打必胜、积极主动、协同作战、坦诚相见、上下同欲等等，一句话，追求卓越，把打胜仗作为团队的信仰。好的文化就像血液一样，会不断给组织中的每个成员提供滋养。

进攻或防守不是重点，保持主动才是

CBR：在这种混乱、动荡和不利的环境中，“一号位”应该怎么缓解焦虑，谋定而后动？

宫玉振：人的本性是渴望确定和一帆风顺的，混乱与不利的环境确实会影响人的心态，很多人因此陷入焦虑或者沮丧。这时，“一号位”有没有镇定自若的自控力就特别重要。

领导者的心态不光会影响自己，还会影响团队。越是在不利的环境中，领导者越要把信心传递给组织的每一位成员。在动荡、混乱和不利的环境中，所有人都可以沮丧，领导者不能沮丧，所有人都可以动摇，领导者不能动摇。

好的将军，每逢大事有静气。王阳明是儒家心学大师，没有学过军事，但打起仗来非常厉害，别人就问他，应该怎么打仗。王阳明说："用兵何术，但学问纯笃，养得此心不动，乃术尔。"心不动，这是打仗最核心的东西。《大学》里有句话，"定而后能静，静而后能安，安而后能虑，虑而后能得"；《孙子兵法》也强调，将军要"静幽、正治"，沉着冷静才能思虑深远。

怎么才能做到镇定自若？从军事上来说，第一条是要放下患得患失之心。得失之心越重，遇到压力就越容易慌乱。吴起在兵书中说，"临敌不怀生"。军人打起仗来必须把生死成败全部置之度外。面对生死都不为所动了，自然就站得住脚、定得住心，也就可以在充满压力的环境中保持冷静和理性。

第二条是先要考虑到最坏的可能。要从最坏、最复杂的情况出发，估计多种可能，做好多手准备。要从最坏、最严重的情况出发来找答案，当把所有的问题都回答了，再也没有问题需要你回答的时候，你下决心就快、就坚定，不会一有风吹草动或者反对意见就慌了、动摇了。

第三条是要有角色扮演意识。哈佛商学院的案例教学非常有名，哈佛特别强调教学过程中教授的角色意识。不管教授是什么样的性格，上了台，就要像演戏一样，必须是一个活跃的、能够带动大家情绪的角色，有些教授甚至因此而改变了自己的性格。我们经常说借假修真，角色扮演会一步步让你真的进入角色。你必须想象自己就是一名镇定自若的大将，你就是恺撒，就是拿破仑，就是诸葛亮。这种心理暗示会让心定下来。

第四条是激发内心道义上的勇气。思想产生信仰，信仰产生勇气。这种勇气不是血气之勇，而是道义之勇。道义之勇会带来强烈的信念，可以让你超出眼前的得失成败，把内心的潜在力量激发出来。这种信念就是，我要掌控我的命运，我要掌控组织的命运，我甚至要掌控对手的命运。林肯讲过一句话：预测未来最好的办法就是创造未来。当有这种创造未来的主宰意识和信念的时候，你就不会慌。

孔子周游列国时，宋国的权臣桓魋要杀孔子，很多学生劝孔子赶紧跑，孔子从容地说："天生德于予，桓魋其如予何？"如果老天把这个使命交给我，他能拿我怎么样呢？天命在身，仁者无畏，孔子的镇定自若就是来自道义的信念与勇气。

CBR：在疫情的环境下，很多"一号位"把战略从进攻状态调整到防守状态，这是不必要的吗？

宫玉振：战争的目的有两个，消灭敌人、保存自己。形势有利的时候你的目的应该是消灭敌人，这就需要积极地攻；形势不利的时候，你首先要保存自己，这就需要守。从这个角度来说，许多"一号位"在疫情环境下把战略从进攻状态转为防守状态，总体上是没有问题的。

但要注意两条。第一，并不是所有的行业、所有的企业都必须收缩。整体不利的情况，对于有些行业、有些企业来说，反而是最好的扩张机会，所以攻守不能一概而论。

第二，即使对于战略上调整为防守状态的企业来说，守也不应该是被动地守。兵书上讲："攻是守之机，守是攻之策。"进攻和防守不是完全割裂的。

好的防御，必须是积极防御，也叫攻势防御。什么叫积极防御？即使在战略层面采取防守的态势，也可以在战役战斗层面、在有利的条件下积极地采取攻势，同时积极主动地做好未来的规划。这样就能在形势扭转的时候，迅速转入新的战略性进攻状态。

领导者如何复盘错误的决策

CBR：在动荡而不确定的时代，决策者一定会犯错误。领导者如何带团队一起复盘错误的决策？

宫玉振：首先，要明确复盘的目的。复盘不是为了指责或攻击某个具体的人，而是为了团队的改进。如果一个人犯了错误，那么很可能还有另外 50 个人也犯了或者会犯同样的错误。复盘是为了防止错误，而不是为了惩罚某个具体的人。事情会发生，人会犯错，但我们需要从中学到些什么。一切都围绕着业务，是为了提升整个团队的能力。团队永远无法完美地完成任务，但可以通过复盘来不断优化和进步，从而更接近于完美。

其次，要养成复盘的文化。人都有自我意识，越成功的人，其自我意识会越强烈，这是妨碍坦诚复盘的最重要因素。成为复盘文化的一员并不容易。好的复盘文化中，所有人都会放下自我意识。没有人担心被指出错误会丢了面子，也没有人担心被指出错误后会遭到斥责。没有什么是针对个人的，重要的不是谁对了，而是什么是对的。所以，好的复盘文化是支持性的，不是对抗性的。

再次，要讲究复盘的技巧。比如：行动结束后要立即复盘，因为这时的经验是最新鲜的；要有专门的复盘室，给大家创造出一种坦率讨论的环境；复盘一定要“不记名，无等级”，进入复盘室之前，所有人都摘下标识身份的肩章与姓名牌等，这样每个人都可以平等、公开、坦诚地讲出自己的看法；另外，复盘一定要高调结束。复盘是为了增强团队的信心，所以永远不要用消极的方式收尾。团队只有看到复盘的积极成果和令人振奋的前景，才会更积极地投入复盘流程。

决策层如何获取不失真的一线信息

CBR：在动荡而不确定的时代，最难的就是看清真相。怎么让一线的信息真实、不走形地传递到决策者那边？

宫玉振：最高领导者往往是最后一个知道真相的人，这是所有组织都可能会出现的问题，尤其是官僚化组织。怎么避免这种情况呢？

第一，好的领导一定要深入关键一线。在重要的时间、重要的地点，务必出现在重要的位置上。当领导者最忌讳的就是没有体感。企业管理中有个词叫作走动式管理。如果你感觉自己已经失去对真实世界的体感，这时候就要走出去、走下去。

第二，让听得见炮声的人参与决策。今天的管理决策不是某一个人或某一小部分人的事情，而是一个上下互动、反馈的过程，它是一种卷入式的决策，要把其他人，包括你的下属卷进来。这样一来，组织就可以高效地把真实信息迅速纳入决策参考，并且做出最优选择。这样的决策，执行就会特别顺，因为它是所有人的决策。如果有的人做决策，有的人做执行，那往往是僵化脱节的。

第三，把认知看作一个动态、开放的过程。领导者有时难免做出不正确的决策，非要证明自己是对的，往往就会犯更大的错误；非要证明自己过去的正确，往往就会犯更大的未来的错误。每个人都有认知局限，承认这一点才可能是一个明智的领导。你应该关心的是“什么是对的”，而不是“谁是对的”，更不能认为只有你是对的。

主动建立制衡的力量

CBR：如果“一号位”一意孤行，组织如何防止脱轨？靠董事会吗？

宫玉振：还是制度设计、组织架构的问题。三权分立很重要的目的就是解决一权独大的问题。一个人的错误决策可能导致组织陷入灾难，因此必须有一种制衡的机制，才能保证一个人的狂妄也好，错误也好，都不会给组织带来灾难。要警惕人性的恶。狂妄自大是人的本性，如何通过制度的方式来制约，就很重要。

越是发展迅猛的组织，越要把握好发展和扩张的节奏

CBR：现在许多初创企业的创始人，过去没有大公司的管理经验，创业之后因为处在风口领域，组织的发展非常迅猛，可能在两三年的时间内，团队就从十几人扩张到七八千人。虽然创始人很爱学习，但是领导力的成长是一个过程，所以会遇到很多挑战。对于这种需要快速成长的创始人，您有什么建议？他们重点要在哪些领域提高领导力？

宫玉振：创业企业都想抓住风口迅速发展，但速成型的组织总是走不长远。组织发展最忌讳的就是一哄而上、一哄而散。这样的组织是打不了硬仗的，这样的扩张是无根的扩张。风口一变，组织就会被打回原形。

所以，越是发展迅猛的组织，越要把握好发展和扩张的节奏。

当年毛泽东在井冈山提出一个扩大根据地的策略叫“波浪式的推进政策”[①]，指的就是在建立根据地时，要巩固、发展，再巩固、再发展。要把握好巩固与发展的关系，不要被扩张冲昏了头脑，要在扩张的过程中同时关注组织的成长，筑牢长远发展的根基，避免走向胜则一日千里、负则一败涂地的结局。

总之一句话，对于快速成长型企业的创始人来说，节奏的把握是最为关键的。要关注眼前的机会，更要把眼前的胜利变成持续性胜利，这就需要从长远的视角，把握好扩张的节奏。

---

① 《毛泽东选集》(第一卷)，人民出版社，1991 年，第 51 页。

主要观点

- 胜利之师具备四种特质——激励人心的理念、充满活力的组织、能征善战的人才、追求卓越的文化。
- 好的防御，必须是积极防御，也叫攻势防御。
- 团队永远无法完美地完成任务，但可以通过复盘来不断优化和进步，从而更接近于完美。
- 越成功的人，其自我意识会越强烈，这是妨碍坦诚复盘的最重要因素。
- 最高领导者往往是最后一个知道真相的人，这是所有组织都可能会出现的问题，尤其是官僚化的组织。
- 你应该关心的是“什么是对的”，而不是“谁是对的”，更不能认为只有你是对的。
- 越是发展迅猛的组织，越要把握好发展和扩张的节奏。

乱极时站得定，才是有用之学[①]

变局时代，我们为什么还要读曾国藩？曾国藩身上有哪些底层逻辑性智慧值得今天的企业家和管理者借鉴？

一句话、一副对联：今天我们怎样读曾国藩

陈为：我们常说曾国藩是一个名副其实的金句之王，他的很多话在后世广为流传。

前段时间我一直在琢磨曾国藩的那句“凡办大事，以识为主，以才为辅”。有很多人把才华看成解决问题最重要的因素，但在曾国藩看来，要真正办大事，才华反而是第二位的，阅历、视野、见识才是第一位的。

德鲁克也有过类似的观点，认为很多有才华的人把才华本

① 本文根据 2022 年 6 月正和岛“十日谈”系列直播中正和岛副总裁、《决策之道》总编辑陈为对作者所做的访谈整理。

身当作成果，这是不对的。

我想先了解一下您对曾国藩的哪些句话特别有感触？今天我们究竟应该怎样读曾国藩？

宫玉振：曾国藩留下的很多话都很耐人寻味。我非常喜欢曾国藩的一句话、一副对联。

一句话是："惟天下之至诚，能胜天下之至伪；惟天下之至拙，能胜天下之至巧。"

我在给企业家学员讲曾国藩领导力的时候经常说：我今天所讲的所有东西你们都可以忘掉，但这句话要记住，因为这是曾国藩领导力核心中的核心，基础中的基础，关键中的关键。

梁启超对曾国藩曾经有一段非常精彩的评价，就是说曾国藩并没有超群绝伦的才华，在当时的著名人物中，他可以说是最笨的一位。他的一生，也一直在逆境之中，然而他立德、立功、立言，达到了古人所说的"三不朽"的境界，他的成就震古烁今，这是什么原因呢？

他一生得力的地方，就在于立志自拔于流俗，而困而知，而勉而行，历尽百千险阻而不屈服；他不求近效，铢积寸累，受之以虚，将之以勤，植之以刚，贞之以恒，帅之以诚，勇猛精进，坚苦卓绝。如此而已！如此而已！

晚清是一个动荡而浮躁的时代，这样的时代很容易导致人或者急功近利，或者投机取巧。一句话，导致人的短期主义。曾国藩正是在这样的时代，提出了"天道忌巧"的命题，提出"惟天下之至诚，能胜天下之至伪；惟天下之至拙，能胜天下之至巧”。

所谓的“诚”，就是实心实意地去做；所谓的“拙”，就是一步一步地去做。曾国藩为什么能成就他所谓的功业？靠的就是这种“拙诚”的精神。

无论是在战场还是在商场，长远的胜利往往都是熬出来的。这就第一需要坚韧的意志、强大的信念，第二需要扎实的基础、细致的工作。真正的管理没有那么多捷径可走，长远的胜利没有那么多取巧可言。粗浅简单的东西都做不好，这样的组织，表面再唬人，也是要出问题的。

所以真正的长期主义者一定是于大处着眼、小处下手的。长期主义者会确定一个长期的目标，然后以强大而持久的信念、坚忍不拔的定力，“不求近效，铢积寸累”，不偷懒，不投机，不取巧，一步步地从实处、小处入手打牢管理的基础，一步步地向目标迈进。用曾国藩给他的弟弟曾国荃信中的话说就是：“古之成大事者，规模远大与综理密微，二者阙一不可。”

总结起来，曾国藩身处动荡的乱世，但湘军这批人为什么能成事？

就是不管外在的世界多么动荡，一股脑地凭着“舍身卫道”的精神，以“打脱牙和血吞”的倔强，以“志之所向，金石为开”的信念，以“而困而知、而勉而行”的意志，以“尚朴实、耐劳苦”的文化，以“不贪功之速成，但求事之稳适”的定力，以“结硬寨、打呆仗”的呆劲儿，以“于大处着眼、小处下手”的扎实，最终一步步成就他们所谓的事业。

曾国藩的“惟天下之至诚，能胜天下之至伪；惟天下之至拙，能胜天下之至巧”，告诉我们一个基本的道理：对于领导者来说，“巧”其实是小聪明，“拙”才是大智慧。

一副对联是：“敬胜怠，义胜欲；知其雄，守其雌。”这是曾国藩写给左宗棠的。这副对联把儒家和道家的理念完美地融合在了一起，上联是儒家理念，下联是道家理念。

在今天这样一个动荡而不确定的时代，这副对联的意义尤其突出。

敬胜怠

“敬”就是敬畏，“怠”就是懈怠。

懈怠和怠慢是人性的组成部分，不管是管理还是待人接物，时间长了，不可避免就会懈怠和怠慢。但对于组织来说，懈怠和怠慢往往是业绩下滑的开始。对于个人来说，懈怠和怠慢往往是出问题的开始。

登山圈有句话：不出事就是出大事的开始。登山老手最怕的就是这一天开局时特别顺，如果开局特别顺，他们的汗毛都会竖起来。因为顺的时候人就很容易懈怠，一懈怠就很容易出事。而登山时一旦出事，就没有第二次机会。

所谓的“敬胜怠”，就是敬畏之心一定要战胜懈怠、怠慢之心。一旦发现自己内心出现了懈怠、怠慢，一定要提醒自己用敬畏之心把它压下去，不能允许懈怠和怠慢占了上风，这样才不会出问题。

义胜欲

“义”就是道义、做人的底线，“欲”就是欲望。

欲望是人性的组成部分。我们都有欲望，无论是求名还是求利。但欲望像什么呢？欲望就像海水一样，喝得越多，你就越口渴。

“义胜欲”，是说一定要用做人的底线来节制欲望，不能允许欲望冲昏头脑，冲垮理性的大堤。

“敬胜怠，义胜欲”，强调的是领导者要始终保持清醒、节制的意识。

知其雄，守其雌

“知其雄，守其雌”是《道德经》里的话。所谓的“雄”，就是指很强大、很成功；所谓的“雌”，就是指很低调、很谦卑。

知道自己很成功、很强大，但为人很低调、很谦卑。

什么样的人可以真正做到谦卑？一定是内心非常强大的人。内心自卑的人有时反而会做出一副盛气凌人的样子。谦卑是一种真正伟大的力量。

自大是人性的组成部分。人站到高的地方往往就会发晕，有了成就往往也会头脑发昏。

“知其雄，守其雌”，强调的是越有成就的领导者，反而越要谨慎、谦虚、低调、不张扬，这样才不会被冲昏头脑，不会迷失了自己。

西方领导力学者也越来越强调领导者一定要具备谦逊的特质，埃德加·沙因教授还专门写了一部书，叫《谦逊领导力》，他认为谦逊领导力是所有领导力模式成功的必备底色。

终极的管理是领导者对人性的自我管理，自我管理的关键是清楚地意识到自己能力的边界。在动荡而不确定的时代，这一条尤为关键。

“敬胜怠，义胜欲；知其雄，守其雌”，这 12 个字直指人性的本质，完美地揭示了在动荡而不确定的环境中领导者自修、自处之道的核心。

管理者，“担当大事，全在明强二字”

陈为：提到儒家，我们说《论语》讲“吾道一以贯之”，忠、恕两个字就概括了。宫老师有一本书叫《曾国藩领导力十二讲》，从曾国藩的领导力中提炼了 12 个字的精华。我很好奇，如果围绕曾国藩的思想提炼两个字讲给企业家，宫老师觉得会是什么？

宫玉振：的确，曾国藩非常喜欢用一个字来总结管理的口诀，他总结出来的一字口诀，不下 100 个。李鸿章讲“一字之师”，就是这些东西。我的《曾国藩领导力十二讲》，是从中提炼了在我看来曾国藩领导力最关键的 12 个字，包括“重”“耐”“浑”“明”“辣”“慎”等等。

这 12 个字中，如果一定要选择，我觉得在今天这个动荡的时代里，有两个字对于管理者来说尤其重要，这就是“明”和“强”。

曾国藩讲过一句话：“担当大事，全在明强二字。”

一个人想做大的事业，第一要看得明白，第二要行得倔强。首先要看清楚，其次要坚持到底。

明

曾国藩特别看重“明”。他讲“莅事以‘明’字为第一要义”。你要想把事做漂亮，首先就得明白。你明白，怎么做怎么对。你不明白，怎么做怎么错。

好的企业家的特质就是这样。对于企业家来说，“明”至少体现在两个方面，一是对大势的把握，二是对人性的洞察。

曾国藩说：“处人处事之所以不当者，以其知之不明也。”你为什么为人处事，明明是好心，但得不到好报呢？为什么别人非但不领情，反而抱怨你呢？其实是因为你没有真正看明白。

如果“巨细周知，表里洞澈”，对大事小事都周全地了解了，把表面的和深层的都看透彻了，“处之自有方术矣”，那处理起来自然就有最妥当的办法了。

所以他要求自己对所谓的大局、大计，也就是大的格局、大的趋势，以及大利、大害，也就是深层次的利害，一定要看清楚、搞明白。领导者一定要看清大势、大局、大利、大害，才能做好决策、带好团队。

同时曾国藩还认为，“明”有两种，一种是高明，一种是精明。高明就是有战略的眼光，精明就是战术和执行的精确。

对于长期主义的管理者来说，这二者缺一不可。

强

“明”很重要，但是光有“明”还不行，还要有“强”。“强”就是要“倔强”，要有韧性。

要有强大的意志力，也就是要有今天大家所说的逆商和坚毅。

企业家在经营的过程中，注定会遇到挫折、失败和逆境。这时就要看有没有坚持下去的韧性与意志力。这股不认输的劲儿是决定团队能否实现突破、继续走下去的关键因素。用曾国藩的话说，“男儿自立，须有倔强之气”。

曾国藩本人的特点是“打脱牙和血吞”。你就是把我的牙都打掉了，我也要连牙带血一块儿吞到肚子里，绝对不露出败相。

所以他说：“凡事皆有极困极难之时，打得通的，便是好汉。”做任何事情，都有让你非常困难、心力交瘁的时候，你挺直了、打通了，脱胎换骨，就是一条好汉。

他还说，艰难困苦，正是上天要把你磨炼成英雄的好机会。英雄是怎么成就的？磨炼出来的。

企业经营和打仗一样，失败和挫折本身就是人生的组成部分。没有人会永远胜利，所有人都会经历失败。

真正的高手是可以失败的，但永远有卷土重来的意志。曾国藩一生屡战屡败，但屡败屡战，所传递的就是这样一种坚持和力量。

所以“明”“强”二字，“明”一定需要“强”才能落地，“强”也要建立在“明”的基础上。二者相辅相成，缺一不可。

乱世识人用人三则：品行、品性、品味

陈为：大家对曾国藩的认识还有特别突出的一点，就是麾下良将如云，包括李鸿章、左宗棠、罗泽南等。

宫老师经常给企业家讲课。越是动荡的时代，管理者识人用人的能力就越关键。曾国藩所处的时代正是一个乱世，那么在这方面有哪些是值得大家学习借鉴的？

宫玉振：王闿运在《湘军志》里对曾国藩有一个评价，叫“用将则胜，自将则败”，说他用别人打仗就能打胜仗，自己带兵就要吃败仗。应该说这基本是事实。

曾国藩自己打仗的本事并不高明，但有一点很厉害，就是用人。那个时代几乎所有优秀的人才都愿意为他所用，他手下出了很多一流人才，像胡林翼、李鸿章、左宗棠、郭嵩焘、刘长佑、彭玉麟等等。

领导艺术的核心就是用人的艺术。用别人才能的才能才是最高的才能，用别人智慧的智慧才是最高的智慧。

但是曾国藩识人用人面临一个重大的挑战，就是他所处的时代正是乱世、末世，而乱世的特点是人心不古、争功诿过、投机取巧。

曾国藩所处的环境是什么呢？官吏渎法贪冒，柔靡浮滑；

士子不知廉耻，唯利是求。流波所及，军队之中，将帅贪婪平庸，士卒望敌而走。按曾国藩的说法，这些人都已经“丧尽天良”了。

在曾国藩看来，可怕的不是太平军，而是社会的物欲横流、人心陷溺。

他还说，没有兵不值得担忧，没有饷不值得担忧。举目向这个世界望去，竟然很难找到一个见了有利可图的事情不奋勇争先，见了急公好义的事情唯恐落人之后的人。

所以在这样一个动荡、混乱的时代里，识人用人的关键是找到真正的可靠之人、有信念的志同道合之人、历经逆境挫折而不离不弃之人。

基于这样一个背景，曾国藩识人用人要看三条基本标准，就是品行、品性、品味。

首先看品行，就是看一个人是不是可靠，这是识人用人的基础。人选进来之后再看品性，也就是这个人的特点、长处、短处，然后把他放到最合适的位置。最后看品味。什么样的人是值得重点培养的高潜力人才呢？要看这个人的志向和趣味。

三者是递进关系：先选品行可靠之人；然后吃透他的特点，把他放到最合适的位置；再从中选取那些有志向、有追求的人，加以重点培养，作为未来的栋梁之材。

品行

曾国藩用人，首先强调以“忠义血性”为前提。

忠是忠诚，义就是仗义，血性就是担当。忠义血性，说白了就是靠谱。

湘军用人，首先看品行可靠。胡林翼曾经讲：“人到靠得住便可用，无才亦可用；人到靠不住便不可用，有才尤不可用。此天下古今之大局也。”

如果一个人可靠，这样的人一定是可用的，没有才能也可以培养出来；如果一个人不可靠，这个人一定是不能用的，有才能尤其不能用，这种人对组织的伤害可能更大。这是用人的大原则，是绝对不能违背的。

曾国藩也说：“大抵观人之道，以朴实廉介为质。以其质而更傅以他长，斯为可贵；无其质，则长处亦不足恃。”

看人的原则，是以朴实、廉洁、正直为本质。有这样的品质，再加上有其他特长，是最可贵的；没有这样的品质，就算有长处也是靠不住的。

用人跟组织的文化导向是密切相关的，用什么样的人，就会形成什么样的组织文化。用朴实可靠之人，是湘军能够形成拙诚文化，能“结硬寨、打呆仗”的重要原因。在乱世之中，这一条尤其重要。

品性

将可靠之人选进来之后，接下来要吃透人才的特点，并把他放到最合适的位置上。

人有一长必有一短，曾国藩对人的不完美有很深刻的认知。

他说："人非圣贤，难于求备。"我们这些人都不是圣贤，不能求全责备。

"短长互见，乃士之常"，一个人身上既有短处又有长处才是常态。

他说世上之人的聪明才智差距不大，除了绝对的天才、绝对的傻瓜，其他人都是"中人之资"，大家都是一般人。

但是为什么大家又不一样呢？因为"此长则彼短，此暗则彼明"，我比你聪明，但我在某个方面不如你，我在这方面不如你，但我在另一方面比你厉害。关键是用人者能够知道每个人的特点，把他放到最合适的位置，也就是德鲁克反复强调的"用人以长"，这样才能真正发挥这个人的作用。

在这个问题上，曾国藩有一条原则，就是用人绝对不越过这个人的能力边界。

每个人都有能力边界，曾国藩认为用人最忌讳的就是不断使用这个人，最后越过他的能力边界，反而毁掉了这个人。

鲍超是湘军中非常有名的悍将，但曾国藩曾经给杨岳斌写过一封信，说用鲍超的时候一定要记住，不能让他带兵过多，不能让他独立负责一个大的战略方向，因为他不是"方面之才"，否则反而会毁了他。

品味

品味就是志向和趣味，就是一个人的追求。曾国藩认为，看人一定要看他的志向和趣味。

志向、趣味低下的人，安于现状，囿于世俗的陋规，因而越来越低贱污劣；志向和趣味高尚的人，向往先贤的辉煌功业，因此也就一天比一天高尚明达。人和人之间的差距就是这样拉开的。

曾国藩在那个时代把这条作为看人的重要标准，让很多我们看来非常一般的人都发挥出了极大的潜力。

所以他自己也说，湘军刚刚成立时看不出有什么杰出人才，但只要一个人有志向和追求，就要一步步把他培养成杰出的人才。

这就是为什么曾国藩既能用人又能培养人。

他真的把人的特点吃透了，把靠谱的人选进来，发挥他们的长处自然就是培养的过程。同时不断鼓励大家有更高的追求，给那些有高追求的人提供更大的空间，这样人才的成长会非常快。

品行、品性、品味，这是乱世用人的关键。我觉得这三点很值得今天的企业家和管理者借鉴。

变局时代，曾国藩的局限

陈为：曾国藩当然也不是完人，您觉得曾国藩身上有哪些局限呢？

宫玉振：曾国藩其实总体上是一个文化保守主义者。虽然他也提出了“师夷智以造炮制船”，跟李鸿章一起派出了第一批中国留学生，建了近代中国第一家兵工厂，等等，但他思想的主体还是传统理念，他并没有意识到这个社会有根本变革的需要。

曾国藩于 1872 年去世，而在同时期，日本于 1868 年开始了明治维新。曾国藩从来没有想到，更不可能走出这样一步。就算跟李鸿章相比，他这种保守的色彩也是突出的。

当然，今天我们对于他的保守性也不能过于苛刻。那是时代的局限，曾国藩只是老大帝国中的一员，不可能完全摆脱那个时代和文化的限制。我们今天与其指责曾国藩个人的保守，还不如借此来反思传统文化的局限。

所以我跟企业家分享时经常强调，曾国藩身上有很多值得学习的东西，但是在我们这样一个大变局时代，中国企业家一定还要同时学习西方文化那种不断探索、开拓、颠覆创新的能力。

马斯克是西方企业家的标杆性人物。马斯克身上有一种永不休止地去征服、创新、突破自我边界甚至征服宇宙的意识，这种品质对今天变局中的中国企业家来说同样非常重要。

所以我们今天聊曾国藩，不是希望大家都去做曾国藩。我觉得在管理上，今天的企业家最重要的是“东方看过来，西方看过去”，兼收并蓄。

“教主”与“偶像”：为什么很多人更愿意学王阳明

陈为：这两年有很多企业家在学习阳明心学，让我想起之前看唐浩明先生写的《曾国藩》，其中提到一个细节，讲曾国藩跑进一座寺庙，方丈拿出一把剑送给他，说这是当初王阳明用过的。

这是有真实记载的吗？这二位在历史上有没有什么渊源？他们的异同之处有哪些？请宫老师来聊一下。

宫玉振：这个情节肯定是虚构的。唐先生对曾国藩很有研究，他写的三卷本《曾国藩》很精彩，我也很喜欢，但《曾国藩》毕竟是历史小说，会有很多虚构的人物与情节，这无可厚非。只是我们读的时候，不要把小说完全当真实的历史看。

人们确实很喜欢把曾国藩与王阳明进行比较。他们有相同的地方，两个人都属于儒家，都是书生带兵，都以做圣贤作为人生的追求，并且都“立德、立功、立言”。

但两个人也有不同的地方，主要有三个方面。

曾国藩信奉理学，王阳明信奉心学

理学和心学都属于儒家的思想体系，但二者是不同的学派。其实阳明心学在很长一段时间，包括在曾国藩那个时代，都是被统治者当成异端的。曾国藩信奉的程朱理学才是儒家的主流。

阳明心学今天在中国为什么有这么大影响？其实是出口转内销。阳明心学当时在中国影响不大，但在明朝末年传到了日本，被日本的武士追捧，到18世纪便成为影响极深的学说。明治维新时期的维新志士，很多人信仰的就是阳明心学。

当代的稻盛和夫又把阳明心学应用到企业管理上，形成了管理的心学学派，接着心学又传回中国，并在中国产生了很大的影响。

其实日本的阳明心学虽然源自中国，但与日本的社会和文化结合之后，已经不完全等同于中国的阳明心学了。

曾国藩对王阳明的评价特别有意思，有一个变化的过程。

早年间，曾国藩坚决反对阳明心学，他写过一些文章批判王阳明的思想，说那是异端，不是正统。

但随着人生阅历的增加，他慢慢意识到阳明心学中的很多东西也是圣贤之道，也有可取之处。

只不过曾国藩骨子里还是个理学家。他很认可王阳明的事功，也认为阳明心学有可取之处，但他并不全然接受心学。他的长子曾纪泽说他“笃守程朱，不废陆王”，以程朱理学为正宗，但也不排斥陆王心学，应该说这个定位是很准确的，反映了曾国藩的开放性。

曾国藩多继承，王阳明多原创

我们常说“陆王心学”，虽然陆九渊在前，但王阳明是心学的集大成者，他在思想史上是里程碑式的人物。

而曾国藩更多是理学的传承者，虽然有一些个人的见解与心得，但算不上开山者。况且程朱理学那时候已经非常成熟，曾国藩也很难有根本的突破。

曾国藩属常人，王阳明是天才

我们常说王阳明是个天才，极端聪明，比如他从来没学过打仗，但是带兵神出鬼没。龙场悟道，一通百通。

曾国藩的天资肯定不能与王阳明相比。曾国藩当然并不像人们所说的那么笨，有时候我们会看到一些夸大的说法，讲曾国藩从小特别笨，其实也不至于。他 22 岁中秀才，23 岁中举人，在当时这也是很难得、很不错的成绩。但曾国藩确实称不上天才，甚至也不如胡林翼、李鸿章、左宗棠这些人。应该说曾国藩是一个资质中等偏上的常人。他的一生，是一个相对普通的人不断提升自我，从而成就大事业的过程。

所以我经常说，曾国藩与王阳明不一样。曾国藩是从下往上走，步步提升。王明阳是从上往下来，一通百通。如果你非常聪明，那你一定要学王阳明。但如果你没有那么聪明，学王阳明最大的风险在于，你往往只学了他的上半截，却没有学到他落地的下半截。

在我看来，对于我们这样的一般人来说，曾国藩可能更可学。就算我们达不到他的境界，也可以踏踏实实、从下往上、一步一步地提升自我。

关于很多人为什么更热衷于阳明心学，我想再补充两点我的观察。

第一，我们今天看这两个人，王阳明是天才，更多带有教主的气质，而曾国藩是常人，顶多只能算是偶像。

相比之下，教主显然比偶像更有神秘的吸引力。况且可能大家都想做聪明人，没有几个人愿意去学一个常人，更不用说笨人。

第二，王阳明的龙场悟道是顿悟，曾国藩靠的是一生的苦修。

大概大家都想速成，很少有人发自内心地愿意像曾国藩一样慢慢成长，况且还要经历那么多煎熬。就像巴菲特所说的，他的投资理念很简单，但并没有多少人学，因为没有多少人愿意慢慢变富。这可能也是很多人更愿意学王阳明，不愿意去学曾国藩的原因。

亦师亦友：曾国藩、左宗棠的乱世之交

陈为：宫老师很喜欢曾国藩送给左宗棠的那副对联，刚好让我想起了左宗棠也给曾国藩写过一副对联，第一次看的时候我感动得热泪盈眶。

曾国藩活着的时候，他俩其实有很多互相感到别扭的地方，关系磕磕绊绊。但曾国藩去世之后，左宗棠写了一副对联，说“谋国之忠，知人之明，自愧不如元辅”，讲自己赶不上曾国藩，但是“同心若金，攻错若石，相期无负平生”，同心协力，彼此取长补短，没有辜负一生的抱负。

很多人都有这种感觉，互相夸奖容易，难得的是遇到能骂你的哥们儿，两个人互相提意见，共同进步，这种情怀很了不起。

宫老师对这副对联有什么感触吗？

宫玉振：曾国藩和左宗棠的关系一直是大家特别感兴趣的话题，他们两人的交情也确实很有意思，称得上是真实世界的君子之交所能达到的境界。

真实世界的交情是什么意思？人和人之间一定会有矛盾和

冲突。君子之交是什么意思？君子之间的交情可以超越这些矛盾和冲突。曾国藩和左宗棠有矛盾、有冲突，但还是做到了同心若金、攻错若石，有两个东西特别重要：第一，道义；第二，胸怀。这也是真正好的朋友、好的交情应该具备的。

首先是道义。

曾国藩称他们为“道义金石之交”，是说两个人不是因为利益结合在一起的。如果两个人的交情完全建立在利益的基础上，那么一定是有利而来，利尽而散。

利益之交注定是短命的。尤其是在动荡的时代，一定会充斥着朝秦暮楚，甚至背叛与出卖。看一看民国年间大小军阀们的明争暗斗，就会很清楚了。

两个人只有为了理念、对道义的追求而走到一起，才会有共同的使命、共同的愿景、共同的价值观，才会有长久的承诺，才会奠定真正的交情基础。乱世之中，这一点尤其可贵。

放大来看，湘军主要的将帅曾国藩、左宗棠、胡林翼等的交情都有这样的特点，他们叫“抱道君子”，志同道合。

这样湘军才能成为中国历史上“第一支有主义的军队”，有共同的理念、有共同的使命、有共同的价值追求。这也是湘军这些人能够成事的重要因素。

其次是胸怀。

有共同的价值观和追求，并不意味着大家都有共同的个性。

人与人个性差异很大是正常的。

左宗棠最大的特点是桀骜不驯、目中无人，他其实在很长一段时间里是瞧不起曾国藩的，评价他“才略太欠”，即才华方略过于欠缺，经常让曾国藩下不来台。

曾国藩在长沙的时候，特别希望左宗棠能帮他，但左宗棠做的很多事情反而让他处境更艰难，甚至打下南京以后因为太平天国幼天王的事情，还发生了“曾左失和”事件，两个人从此以后不通音信。

但是即使在这种情况下，曾国藩对左宗棠依然非常包容，关键时刻该支持绝对支持。

比如左宗棠后来平定西北，特别担心曾国藩会趁机报复，限制他的后勤供给。但没想到，曾国藩源源不断给他提供军饷和部队，各方面都给他全力支持，保证了左宗棠军事行动的顺利进行。

这也是为什么左宗棠后来特别感动，写了陈为总刚才说的那副对联。

曾国藩去世之后，左宗棠有一次跟幕僚聊天，谈到了曾国藩。

谈的过程中有一个幕僚直接指着左宗棠的鼻子说：大帅，我觉得您不如曾大帅，曾大帅心中时时有您，您心中从来没有曾大帅。

意思是说曾国藩对你左宗棠一直是包容的，但你总是对曾国藩攻击、对立、排斥。

左宗棠听了后心服口服，说：“你说得太对了，曾国藩在世的时候，我很瞧不起他。他去世之后，我越来越敬佩他。”左宗棠所敬佩的，无疑也包括曾国藩的胸怀。

所以曾国藩去世之后，左宗棠把他的后代照顾得非常好。曾国藩的儿子、侄子的发展都得到了左宗棠的帮助。曾国藩最小的女婿叫聂缉椝，左宗棠特意把他调到自己身边加以培养，一步步把他从道台培养成了巡抚，给了曾国藩一个交代。

你看，曾国藩和左宗棠有矛盾，有冲突，但最终放下了个人的恩怨，靠的就是道义、胸怀。这就是孔子所说的“益者三友”中为什么“友直”在第一位。

今天我们做企业也是同样的道理。你的合作者究竟是短期的利益之交还是长期的道义之交？你身边能不能有这样的“同心若金、攻错若石”的朋友和核心团队成员，最终相互成就？

越是在动荡的时代，这两个问题的答案就越重要。

乱极时站得定，才是有用之学

陈为：我们读古书常常会觉得古人的一些情怀特别了不起，比如于右任讲“不信青春唤不回，不容青史尽成灰”，翁同龢也说“不信今时无古贤”，我们今天还要有圣贤意识吗？

另外，您个人的信念是什么？

最后，在这个充满不确定性的时代，如果要给企业家群体一个建议，您觉得应该是什么？

宫玉振：第一个问题特别好，我们今天要不要有圣贤意识是一个值得讨论的话题。

在曾国藩那个时代，主流文化是程朱理学，而程朱理学的核心就是要做圣贤，所以他有这种圣贤意识是特别契合那个时代的需求的。

在我们今天的时代，价值观非常多元，做圣贤可以成为很好的个人追求，但肯定不能强求所有的人都去做圣贤。

我个人认为，不做圣贤完全没问题，可人生最好还是要有一个清晰的目标，并且你要愿意为之付出努力，用曾国藩的话来说叫“立志有恒”。

这个志可以不是做圣贤，而是做一个更好的管理者，或是做一个更好的家长，又或者是这一生要活得更开心，这些是你的价值观和人生选择，没有什么对错可言。想明白，然后坚持走下去就可以。

在今天这个时代，我们已经不可能也没有必要成为曾国藩，但我们可以把他当成一面镜子，去更好地看清楚自己。每个人都有自己的个性、特点、追求，要做自己，但是一定要做更好的自己。

至于信念，曾国藩一生相信“志之所向，金石为开”，他认为任何事情只要去做，早晚有一天会成功，所以他们这样一批书生才能完成当时正规军都完成不了的事业。

因此，什么是信念？相信正面的理念一定能够实现，就叫信念。

对我来说，我相信的就是：那些为社会创造价值的人和组织，最终一定会得到社会给他们的长远奖励。

最后，要在今天这个不确定的时代给企业家建议，我想分享湘军名将罗泽南的一句话："乱极时站得定，才是有用之学。"

这是什么意思？越是在动荡和不确定的环境中，就越要站稳自己的脚跟，不为乱世所动。这才是真正有用的学问。

乱极时站得定，这是我最想与企业家共勉的理念。

主要观点

- 真正的管理没有那么多捷径可走，长远的胜利没有那么多取巧可言。粗浅简单的东西都做不好，这样的组织，表面再唬人，也是要出问题的。
- 真正的长期主义者一定是于大处着眼、小处下手的。
- 对于领导者来说，“巧”其实是小聪明，“拙”才是大智慧。
- 一个人想做大的事业，第一要看得明白，第二要行得倔强。
- 对于企业家来说，“明”至少体现在两个方面，一是对大势的把握，一是对人性的洞察。
- 用别人才能的才能才是最高的才能，用别人智慧的智慧才是最高的智慧。
- 用人跟组织的文化导向是密切相关的，用什么样的人，就会形成什么样的组织文化。
- 那些为社会创造价值的人和组织，最终一定会得到社会给他们的长远奖励。

代后记

世自乱而我心自治[①]

在过去这几年里，我们都经历了太多的动荡与不确定。我们今天所面临的是全球化的深度调整期，这样的时代就是以动荡不安为基本特征的。这必然会给每一家企业、每一名管理者、每一个同学都带来极大的挑战。我们应该如何应对这样的挑战？

湘军的二号人物胡林翼曾经讲过一句话："世自乱而我心自治，斯为正道。"

越是在动荡和不确定的环境，我们越要找到自己内心确定的东西，这样我们就可以用从容、定力来应对这种动荡和不确定性。

周其仁老师的故事

周其仁教授是北大国发院的师生都特别敬重的老师，我相

① 本文根据作者在北大国发院 EMBA 2022 级开学班会上的主题演讲整理。

信每个同学都听说过他的一些故事。

周老师是1966届的初中毕业生，初中毕业后刚好赶上“文革”，经过了三年的停课，他作为上海知青开始上山下乡，去了北大荒。在农场劳动了半年后，又被分配到完达山打猎。

周老师后来说，感觉自己就像一颗螺丝钉，一下子就被摁到了这个地方。

在那个动荡的时代，人的命运很难由自己来掌控。那个地方只有周老师和他的师傅，山里是他们布的几十个陷阱。他每天要走几十里的山路去巡逻，看看陷阱里面有没有猎物。这样的日子一过就是七年半。

但是就在这样一个地方，周老师也没有放弃过读书。他的父亲那时候做的非常重要的一件事情就是不断地从上海给他寄书。周老师白天跟师傅一起打猎，晚上就在油灯之下读《资本论》《国富论》。外面是一个动荡的世界，周老师还有一个自己的世界。

后来的事情我们都知道了，恢复高考的第二年，周老师就考上了人大经济系，从此以后开始了他的学术道路。

这八年的北大荒经历也让周老师看到了一个真实的中国。他开始思考这个真实世界的真实问题，从此以后就对真实的世界有了信仰一般的痴迷和执着。直到今天，周老师还在奔走调研，从来没有停止过对真实世界的探寻。

回到刚才我讲的胡林翼那句话“世自乱而我心自治”，周老师的故事告诉我们一个什么道理？在看起来再无能为力的时代，我们也依然可以不放弃自己。

我们决定不了环境，但是我们可以决定在这种不确定的环境下自己的心态、选择，最终决定自己的命运。我命由我不由天。

何为“北”？何为“大”？

你们选择了北大，你们成为北大的一名学员，这是可以让你们一生自豪的一件事，也是让无数人都羡慕的一件事。但你们有没有想过：什么是北大？北大究竟意味着什么？

北大王博副校长当年在国发院木兰学院的开学典礼上，曾经对“北大”两个字有一个非常精彩的解读。他说“北大”就是两个字，一个是“北”，一个是“大”。

北大的学生一生都在做一件事情，找“北”。但是他们寻找的不仅是个人的“北”、家庭的“北”、单位的“北”，他们还会更多去寻找社会的“北”、国家的“北”，乃至于世界的“北”。这是北大的学生应该有的“北”。

北大的“大”，不是指物理空间，不是说我们的校园大、我们的大楼大，也不是说我们的产业大。而是指胸怀——你的心到底有多大，你的胸怀到底有多大，你的兼容并包性到底有多大。这是北大学生应该有的“大”。

我非常认同王博副校长的解读。在王博副校长解读的基础上，我简单概括一下什么叫“北大”：“北”，就是人生之北；“大”，就是有容乃大。

“北”，就是人生之北

北，是人生之北。在动荡而不确定的时代，人很容易迷失自己。作为管理者，越是在动荡的时代，我们越要找到自己的真“北”。这样一来，我们才可以在混乱中看到条理，在迷茫中看到希望，在不确定的环境下把握住确定的方向，在不断变化的时代里找到不变的东西。在这个浮躁的时代，我们也就可以得到内心的从容和沉静。

我在国发院 2015 届研究生毕业典礼上曾经讲过一段话，我把这段话也送给各位同学：“我们要做的是，在一个复杂的世界看到人性的光辉，在一个苟且的世界坚守自己的品格，在一个混乱的世界保持内心的清澈，在一个机会主义的时代寻找信仰的意义。因为此心光明，世界便一同光明。”

好的管理者在最黑暗的时代也会眼中有光，好的大学在再动荡的时代也是一座灯塔。

你们到北大是来学习的，但这并不意味着入了学就是北大人，也不意味着毕业了就是北大人。任何一所大学都会传授知识，任何一家商学院都会教授管理，但并不是所有的商学院都会坚守自己的价值观，也不是所有的商学院都会有灵魂。

国发院之所以为国发院，是因为它的家国情怀；北大之所以为北大，是因为它的精神传承。真正的北大人，一定有强烈的信念。

什么是信念？所谓的信念，就是相信正面的理念一定能够实现。我们今天这个时代是一个动荡而不确定的时代，在这样一个时代，清晰而又强烈的信念是人和组织穿透迷雾、坚定前行最主要的力量来源，甚至是唯一的力量来源。因为当一切都不确定的时候，你唯一能够做的就是相信你的相信。

所以我希望当你们两年以后毕业时，不仅仅可以拿到北大的学位，更重要的是在这个地方找到了人生之北，我相信这将是你们在北大两年最大的收获。

“大”，就是有容乃大

什么是“大”？有容乃大。

国发院是国家智库，关注的是国家发展中大的政策与大的方向。BiMBA 商学院是智库中的商学院，希望你们在这里首先把握的是大局、大势，大利、大害，大是、大非，同时有大的胸怀、大的追求，从而体悟到自己的生命之大。

每年国发院 EMBA 申请人数众多。经过一拨又一拨的审核、淘汰、选拔，最后我们录取 100 人。所以恭喜你们，你们都是胜出者。你们用成绩证明了自己的优秀。这是一批优秀的人在相聚。但是，真正的优秀不仅仅在于自身的优秀，更在于包容、欣赏、学习别人的优秀。

未名湖畔有蔡元培校长的雕像，每次走到那个地方，你都会发现基座上放着游人们献的鲜花，一年四季从来没有断过。为什么那么多人会自发地表达对老校长的敬意？很大程度上是因为蔡元培校长提出的北大精神——思想自由，兼容并包。

我相信到国发院来读书的人都是追求思想自由的人，我同时也希望每一个同学都能真正理解并且践行兼容并包，因为这二者缺一不可。尤其对于管理者来说，思想自由的品质可能会让你成为一个优秀的个体，兼容并包的胸怀才能让你成为更加卓越的领导。

领导力的核心是什么？在我看来，就是八个字：走出小我，成就大我。

人性都是自私的，人都有我执，优秀者的自我意识可能会更加强烈。但是作为领导者，要想成就事业，你就必须让更多更优秀的人，甚至比你还要优秀的人都为你所用。这就必须走出小我，以成就大我。你必须有大的胸怀、大的格局、大的气度、大的境界。

你们来自不同的行业、不同的企业，担任不同的职务，拥有不同的背景、不同的阅历，所以一定会有不同的个性、不同的特长、不同的气质、不同的见解，这些都很正常。这正好是你们彼此之间相互学习、取长补短、共同提升的最好机会。

今天有个很有意思的现象：打开你的朋友圈，可能最直观的感觉是人和人之间的观点竟如此不同。每个人都生活在自己的圈层之中，每个人都有一个信息茧房，每个人都在坚持自己的执念。每发生一个大事件，都足以让朋友圈出现一次分裂。圈层化和戾气化几乎是这个时代的基本特征。

世界是复杂的，人性也是复杂的，而人的价值观和认知是多元的。所以对于同样的事情，不同的人一定会有不同的观点，你们入学以后很快就会发现这一点。一旦入学的蜜月期过去，同